KB156704

정리의

신

CHUKOUSEI NO TAME NO「KATADUKE」NO HON
by Akiko Sugita and Goushi Sato

Copyright ⓒ 2014 by Akiko Sugita and Goushi Sato
First published 2014 by Iwanami Shoten, Publishers, Tokyo.
This Korean edition published 2016
by Dolbegae Publishers, Paju-si
by arrangement with the Proprietor c/o Iwanami Shoten, Publishers, Tokyo
through Eric Yang Agency, Inc., Seoul.

구르는돌 05

정리의 신
정리는 기술이 아니라 선택이야!

스기타 아키코, 사토 고시 지음 | 윤수정 옮김 | 김그래 그림

2016년 12월 12일 초판 1쇄 발행
2019년　1월 17일 초판 3쇄 발행

펴낸이 한철희 | **펴낸곳** 돌베개 | **등록** 1979년 8월 25일 제406-2003-000018호
주소 (10881) 경기도 파주시 회동길 77-20 (문발동)
전화 (031) 955-5020 | **팩스** (031) 955-5050
홈페이지 www.dolbegae.co.kr | **전자우편** book@dolbegae.co.kr
블로그 imdol79.blog.me | **트위터** @dolbegae79 | **페이스북** /dolbegae

주간 김수한
책임편집 우진영·권영민 | **표지디자인** 이새미 | **디자인** 이은정·이연경·김동신
마케팅 심찬식·고운성·조원형 | **제작·관리** 윤국중·이수민 | **인쇄·제본** 상지사 P&B

ISBN 978-89-7199-779-6 (44300)
ISBN 978-89-7199-543-3 (세트)

책값은 뒤표지에 있습니다.

이 도서의 국립중앙도서관 출판예정도서목록(CIP)은 서지정보유통지원시스템 홈페이지(http://seoji.nl.go.kr)와
국가자료공동목록시스템(http://www.nl.go.kr/kolisnet)에서 이용하실 수 있습니다.(CIP제어번호: CIP2016028300)

정리의

신

정리는
기술이 아니라
선택이야!

스기타 아키코
사토 고시 지음
윤수정 옮김 김그래 그림

돌베개

차례

시작하며 7

3교시. '정리'가 뭐지? 101

4교시. 사회에서 통하는 정리의 힘 145

가정 통신문. 부모를 위한 정리 지도법 171

시작하며

지금 당신의 방은 정리되어 있나요?

그런데 '왜' 방을 정리하는 걸까요?
정리는 꼭 해야만 하는 걸까요?
깨끗한 게 좋으니까 하는 걸까요?
부모님이 "정리해!"라고 잔소리하니까 하는 걸까요?

정리하는 걸 아주 좋아하는 사람도 있을 테지만 한편으로는 귀찮아하는 사람도 많지 않나요? 귀찮아하는 사람에게 정리는 시작하는 것도 마무리하는 것도 아득한 일일 것입니다. 실은 정리 전문가인 저 자신도 정리를 귀찮아하는 사람입니다. '정리는 귀찮아! 가능하면 하고 싶지 않아!'라는 게 솔직한 심정이랍니다.

여러분도 그런 경험이 있지 않나요? 책꽂이를 정리하다 말고 만화를 읽고 있거나, 정리 도중에 어떻게 하면 좋을지 모를 물건이 나와서 버릴까 말까 어디에 넣어 둘까 고민하다가 시간만 지나 버리거나…… 시험 전에 신경이 쓰여서 책상 정리를 시작했는데 어느새 가구 배치를 바꾸고 있고 결국 공부할 시간이 없어지고……. 그러니까 시험 결과가 만족스럽지 않아도 어쩔 수 없다며 정당화하기도 하고.

이제 정말로 정리해야겠다고 마음을 먹었다가도 옆에서 부모님이 "정리 좀 해!"라고 말하면 순식간에 정리할 마음이 사라져 버리기도 하고. 그러다가 "일단 혼나지 않을 만큼만 정리할까?" 하면서 마지못해 하기도 하고 "오늘은 피곤하니까 내일 하면 돼." 하면서 미루기도 하지요.

그렇게 대충 정리하고 또 어지르기를 반복합니다. 정리는 해도 해도 끝이 없는 것만 같습니다.

제가 여러분만 한 나이였을 때는 이런 식으로 정리를 되풀이했답니다. 꼼꼼하고 정리 정돈을 좋아하니까 정리 관련 일을 한다고 오해받는데, 실은 그렇지 않습니다. 제가 게으르고 흐리터분한 성격이란 걸 잘 알기 때문에, 평소에 되도록 힘과 시간을 들이지 않으면서 정리하는 방법을 궁리한답니다.

사실 정리 좀 안 한다고 해서 큰일이 나지는 않습니다.

'오늘은 전국에서 다섯 명이 방을 치우지 않아 병원으로 후송되었습니다.' 같은 뉴스는 들은 적이 없으니까요. 정리에 생사가 달린 경우는 거의 없습니다.

그러니 정리를 하지 않아도 문제는 없습니다. 정리가 서툴러도 심각하게 고민할 필요는 없습니다. 하지 않아도 괜찮은 정리를 자기 의지만으로 해내는 건 어려운 일입니다.

그런데 '정리를 잘하면, 정리하는 힘이 몸에 배면, 인생이 아주 행복해져요.'라는 말을 들으면 어떨까요? 분명히 놀랄 거예요.

저는 일반 가정이나 회사에서 정리하는 법을 가르치고 있습니다. '정리 서비스 회사'라고 하면 어떤 일을 하는 곳 같나요? 어쩌면 '앞치마에 두건을 쓰고서 어질러진 것을 정리하고 청소해 주는 곳'이라고 생각할지도 모르겠군요. 하지만 흔히 말하는 가사 대행 서비스나 가정부 파견 회사와는 다르답니다.

저는 방을 깨끗하게 하는 일은 물론, 스스로 정리하는 힘이 몸에 배도록 돕고 있습니다. 정리 방법과 기술을 가르치는 가정교사라고 해도 좋겠네요. 그리고 의뢰인이 혼자서 정리할 수 있게 될 때까지 도와줍니다. 전문가가 집 안을 깨끗하게 정리하는 건 간단한 일입니다. 하지만 전문가가 다 해결하면 앞으로도 의뢰인은 정리를 할 수 없을 겁니다. 깨끗하게 하고 싶다는 목적은 이룰 수 있어도 금방 다시 어질러지고 말지요. 정리도 공부나 운동과 마찬가지로 누군가가 대신해 주어서는 몸에 배지 않습니다.

지금까지 저는 정리 선생으로서 많은 가정을 방문해 이야기를 나누고, 여러 가지 문제를 봐 왔습니다.

어떤 집에서는 정리를 못한다며 남편이 아내를 나무랐습니다. 상황이 점점 악화되어 날마다 다툼이 끊이지 않았고, 끝내는 가정 폭력으로 발전했습니다. 어떤 사람은 정리하지 않는 배우자에게 아무 말도 하지 못하고 참기만 하다가, 결국엔 집에 돌아갈 마음이 들지 않아 고민했습니다. 집이 지저분해서 친구를 부르고 싶어도 부르지 못하는 아이들도 있었습니다.

한편으로 정리를 못하는 자신이 쓸모가 없고 버리지 못하는 자신은 더욱 쓸모가 없다며 스스로를 책망하고 고민하다가 마음의 병을 앓는 사람도 많습니다.

그렇지만 정리 문제는 겉으로 드러내기 어렵습니다. 친구에게도 상담하기 어렵습니다. 더구나 아무도 오지 않으면, 집에 사람을 부르지 않으면, 끝까지 감출 수 있지요.

그렇기에 문제가 심각합니다. 아무에게도 상담할 수 없으면, 아무도 알아채지 않으면, 누가 도와줄 수도 없습니다. 애초에 누구한테 도움을 청해야겠다는 생각조차 들지 않습니다.

문제가 심각해지는 큰 원인 중 하나는 '정리는 배우지 않아도 당연히 할 수 있다.'라는 선입관입니다.

과연 정말로, 정리는 누구나 할 수 있는 게 당연한 걸까요?

자전거 보조 바퀴를 뗄 때, 여러분은 어떻게 했지요?

줄넘기 2단 뛰기나 철봉에 거꾸로 오르기를 해 보고 싶을 때는요?

25미터를 헤엄쳐 보고 싶을 때는 어떻게 했나요?

우선은 선생님이나 부모님, 친구에게 방법을 배우고 연습했을 겁니다. 금방 해낸 사람도 있을 테고 시간이 걸린 사람도 있을 테지요.

그래도 연습을 하면 반드시 결과가 나옵니다. 연습은 우리를 배신하지 않는다는 걸, 우리 모두 경험을 통해 알고 있지요.

예를 들면 자전거 보조 바퀴를 떼던 그날의 뿌듯함.

2단 뛰기를 열 번 연속해서 해냈을 때 느꼈던 기쁨.

거꾸로 오르기를 해낸 순간, 붕 떠오르는 느낌이 온몸에 퍼지던 감동.

25미터를 끝까지 헤엄쳤을 때 느꼈던 성취감.

그것은 배우고 연습했기 때문에 느낄 수 있었던 감정입니다. 처음부터 당연히 할 수 있는 일이라면, 그런 감정도 존재하지 않겠지요.

정리도 마찬가지입니다. 배우지 않았고 연습하지 않았으니 못하는 게 당연하지요.

적절한 방법을 배우고 연습하면 누구나 정리를 잘할 수 있게 됩니다. '정리가 싫다.'라거나 '정리를 못한다.'라고 생각하는 사람은 적극적으로 나서서 배워 봅시다. 연습해 봅시다. '에이, 귀찮아!'라는 생각이 든다면 더더욱 배워 보기를 바랍니다.

정리란 게 사실은 재미있는 일입니다. 자기가 '좋아하는 것'을 알게 되고, 꿈과 희망에 다가갈 수 있습니다. 자신의 공간, 시간, 인생을 자신이 생각한 대로 만들어 가는 것입니다. 이 말을 듣고 '어, 그런가?'라며 놀란 분, 정말인지 아닌지 도전해 보면 어떨까요?

어떤 일이든지 즐거우면 계속할 수 있습니다. 중요한 것은 제대로 잘하려고 전전긍긍하며 배우기보다 즐겁게 배우는 것입니다. 그리고 즐겁게 연습하는 것입니다.

　정리 훈련은 따로 연습장에 가지 않아도 집에서 할 수 있고, 그날그날의 성과를 눈으로 보고 바로 알 수 있습니다.

　이 책을 다 읽고 나서 곧장 연습을 시작할 수 있도록 마음의 준비를 해 두세요.

　그러면 정리 훈련을 시작해 볼까요?

0교시

정리 훈련에 앞서

연습을 피할 마법 지팡이는 없다

"정리를 적극적으로 배워 봅시다. 연습해 봅시다!"
상담하러 저를 찾아오는 사람들, 즉 정리를 싫어하거나 못한다고 하는 사람들에게는 우선 그렇게 얘기합니다. 그런데 "연습하라고 해서도, 그 연습을 할 줄 모르니까 곤란한 거예요."라며 포기하는 사람이 있습니다.

사실 그런 사람은 연습이 얼마나 귀찮은 일인지 알기 때문에 하지 않겠다는 선택을 하지요. 그리고 마법처럼 편하게 해낼 수 없을까 하며 다른 방법을 찾고요.

다이어트도 그렇잖아요. 살을 빼서 예뻐지고 싶어. 하지만 케이크는 먹고 싶고, 운동은 귀찮아. 어쩌면 내가 모르는 편한 방법이 있을지 몰라.

그렇게 해서 어느새 편한 다이어트법을 찾는 일 자체가 목적이 되고, 방법을 찾다가 하루가 지나고, 체중은 전혀 줄지 않은 채 시간만 흘러가는 악순환에 빠집니다. 그런 사람이 세상에는 아주 많습니다.

유감스럽게도 제가 아는 한에는 정리든 다이어트든 편하게 결과를 낼 수 있는 마법의 지팡이는 존재하지 않습니다.

그렇다면 그런 가운데서도 성공적으로 정리를 해내는 건 어떤 사람일까요?

우선, 귀찮지만, 연습은 싫지만, 할 수 있을지 어떨지 자신은 없지만, 일단 시작해 보기로 한 사람입니다. 즉 '행동하는 사람'입니다.

정리 방법을 배워도, 실제로 정리 연습을 하는 사람과 하지 않는 사람이 있습니다. 어른이라도 마찬가지입니다. '시간이 없어서', '귀찮아서', '어려워 보여서'처럼 이런저런 이유를 대며 '하지 않는 걸 선택'하는 사람도 있습니다. 모처럼 시간을 들여서 정리 방법을 배웠는데, 행동으로 옮기지 않는 건 정말로 아까운 일 아닌가요?

해 본다는, 그 한 걸음을 내디뎠다는 데서 기쁨을 느낄 수도 있고, 연습을 통해 점점 나아지는 기쁨을 알게 될 수도 있습니다. 정리는 결과가 눈에 보이기 때문에 해냈다는 기쁨을 느끼기 쉽습니다. 그 기쁨이 자신감으로 이어지고, '정리는 즐거워!'라고 생각하게 됩니다. 즐거우면 뭐든지 계속하게 되지요.

이렇게 '일단 해 보자!' 하며 행동할 수 있는 사람은 '솔직한 사람'입니다. 솔직함도 성공 비결 중 하나입니다. 그런데 '정리에 약한 나를 바꾸고 싶어.' '새로운 걸 배우고 싶어.' '꿈을 이루고 싶어.'라는 올곧은 마음을 방해하는 것이 있습니다. '하지만……', '그런데……'라는 생각입니다.

자기 경험과 생각만 고집하고 반발하느라 가르쳐 주는 사람

말에 귀를 기울이지 않는 일도 있을 테지요. 어쩌면 자신감을 잃어서, 지금까지도 실패해 왔으니까 어차피 또 실패할 거라고 생각할지도 모르고요. 그렇다고 해서 계속 남이든 나에게든 '솔직하지 못한' 사고방식을 고집하면 "저 사람한테는 무슨 말을 해도 헛수고야."라며 아무도 도와주지 않게 됩니다. 그만큼 성장할 기회도 놓쳐 버립니다.

또한 '시작이라는 성과'를 스스로 인정하지 못하면, 충분히 결과가 나오기 전에 '역시 글렀어.'라며 포기하게 됩니다.

성공적으로 정리를 해내는 사람은 구체적인 연습 과정으로 말하자면, 1교시에 자세히 설명할 정리의 두 번째 단계인 '나누기'의 의미를 이해한 사람입니다. '나누다=속속들이 알다'〔일본어 나누다(分ける)와 알다(分かる)에는 똑같이 나눌 분(分)자가 들어간다.〕라는 공식을 몸소 깨달은 사람부터 정리 실력이 쑥쑥 늘어납니다.

예를 들어, 공부를 하다가 그때까지 몰랐던 것을 알게 되면 무척 기쁘지 않나요? 수학을 막 배우기 시작했을 때는 악전고투하지만 기초를 확실히 익히고 나면 응용문제도 금방 풀 수 있게 되지요. 그러고 나면 이렇게 간단한 걸 왜 그리 어려워했나 싶지 않나요?

정리도 마찬가지랍니다. 난잡한 환경에 둘러싸여 몰랐던 사실을 나누기를 통해 깨닫게 됩니다. 이것을 이해하게 되면, 정리를 어렵게 느낄 일은 없어질 겁니다.

다음으로 '깨끗한 건 기분 좋은 일', 나아가 '가치 있는 일'이라고 느끼는 사람입니다. 맛도 같고 가격도 같은 라면집이 두 군데 있다고 칩시다. 한쪽은 깨끗하게 청소되어 있고 한쪽은 지저분하고 물건이 어지럽게 놓여 있다면, 여러분은 어느 가게로 가고 싶은가요? 당연히 깨끗한 가게겠죠? 그런데 어지러운 방에서 생활하는 데 익숙해져서 깨끗하게 정리되어 있어도 아무 감흥이 없거나 깨끗함의 가치를 알지 못하는 사람이 있습니다. 깨끗함을 느끼는 감각이 둔해진 것입니다. 연습을 계속하면 깨끗함을 느끼는 감도가 올라갑니다. 방이 깨끗하면 기분 좋다는 걸 날마다 실감하게 되면서 정리 연습 속도도 빨라집니다.

마지막으로, 정리에 성공하는 사람은 '누군가를 위해' 정리하기로 마음먹은 사람입니다. 처음에는 정리를 못한다는 콤플렉스를 해소하려고 시작한 것이 어느 틈엔가 '가족을 위해', '놀러 올 친구를 위해' 정리하고 싶다는 마음으로 바뀌는 겁니다. 그런 사람은 증상이 도로 나빠지지 않습니다. 설령 조금 후퇴하게 되어도 금방 궤도를 수정할 수 있습니다.

사람은 내가 아닌 누군가를 위할 때 생각지 못한 힘을 발휘할 수 있습니다. 재해를 당했을 때가 좋은 예이고, 일상에서도 그런 일은 많습니다. 아마 여러분도 경험해 봤을 겁니다. 만약 여러분이 '엄마 아빠가 날마다 바쁜 것 같아. 좋아! 내 방 정도는 내가 정리하자!' '내 물건을 거실에 늘어놓지 말아야지.'라고 생각해서 행동한다면, 부모님은 훨씬 짐을 덜게 되겠지요.

일일이 정리하라고 화내며 에너지를 낭비할 일도 없어지고요. 그러면 여러분도 기분 좋게 지낼 수 있고, 가족끼리 목청 높여 감정싸움을 하는 대신 떠들썩하게 이야기꽃을 피울 수 있을지도 모릅니다.

방이 깨끗하면 나뿐만 아니라 주위 사람도 기분이 좋아집니다. 이렇게 사소한 행동으로도 상대방을 행복하게 만들 수 있습니다.

내 방은 지금?

지금 여러분 방은 어떤 상태인가요?

"깨끗해요!"라고 자랑할 수 있는 사람도 있을 테지요. 어쩌면 다음과 같은 상태일지도 모르겠네요.

아무렇게나 팽개쳐 둔 잡지와 만화책이 여기도 한 더미 저기도 한 더미.

마시다 만 음료수 병과 빈 페트병이 데굴데굴.

벗어 던진 잠옷.

한 짝뿐인 양말.

의자에 대충 걸쳐 둔 겉옷.

창고처럼 변한 책상 위, 한참 동안 연 적 없는 서랍.

먼지를 뒤집어쓴 옛날 교과서와 참고서.

문 앞에 물건이 쌓여 있어서 일일이 치우지 않으면 열 수도 없는 옷장.

실제로 쓰는 공간은 방 전체의 6분의 1 정도.

해당하는 항목이 있나요? "내 방이 없는걸." 하는 사람은 자기 책상 위나 서랍 속, 가방 속을 확인해 보세요.

가방 속이 뒤죽박죽이지 않나요? 한번 넣어 두면 꺼낼 줄 모르고, 물건이 안 보이면 우선 가방 속을 뒤적뒤적.

저는 여러 가정에서 정리를 도우며, 정리되지 않은 아이들 방에는 몇 가지 공통된 특징이 있다는 걸 깨달았습니다. 그중 가장 많이 보이는 세 가지를 소개하겠습니다.

첫째, 먹고 난 과자 봉지, 상자, 페트병 등 쓰레기를 쓰레기통에 버리지 않고 방 안에 어질러 둔다.

둘째, 방 안에 쓰레기통이 없다. 혹은 있어도 너무 작다.

셋째, 방 안에 편의점 봉투가 잔뜩 있다.

여러분 방과 일치하는 항목이 있나요?

마음을 움직이는 정리

세 가지 중 하나라도 해당하는 사람은, 우선 쓰레기봉투를 준비해서 과자 봉지와 상자를 버립시다. 편의점 봉투도 싹 치워 버립시다. 쓰레기를 담으려고 모아 두는 사람도 있을지 모르지만, 그러기에는 너무 작은 데다 편의점 봉투 자체가 쓰레기가 됩니다.

　방 안에 있는 쓰레기만 정리해도 기분이 상쾌해집니다. 여유 공간도 생깁니다. 아주 작은 일이지만, 정리는 눈에 보이는 결과를 남깁니다. 그래서 기분이 바뀌지요. 정리에는 사람의 기분과 마음을 움직이는 힘이 있습니다.

예를 들어 고민이 있을 때, 가만히 앉아 끙끙거리기만 하지 말고 정리를 해서 환경을 바꿔 보는 것도 괜찮은 방법입니다. 꺼내서 늘어놓고 읽다가 던져 놓은 잡지를 발행된 순서대로 책꽂이에 꽂습니다. 의자에 걸쳐 놓았던 옷을 옷걸이에 걸거나 서랍에 넣습니다. 넘기는 걸 잊었던 달력을 넘기고, 멈춰 버린 시계의 건전지를 갈아 끼웁니다. 사소한 것도 괜찮습니다. 그렇게 몸과 물건을 움직여 보는 겁니다.

환경을 바꿔 보면, 참 신기하게도 마음에 작은 깨달음과 변화가 일어나는 걸 느낍니다.

'우와! 언제 이렇게 잡지가 쌓였지?'

'이 옷, 마음에 들어서 자주 입었더니 많이 낡았네.'

'앗, 달력만 계절이 멈춰 있어.'

정리를 한다고 해서 고민이 해결되는 건 아니지만, 스스로 움직여서 환경을 조금 바꾸기만 해도 숨통이 트이고, 새로운 경치가 눈에 들어오고, 자신의 위치를 객관적으로 볼 수 있게 됩니다.

실제로 움직여서 정리의 힘을 느껴 봅시다.

슈퍼마켓에 가면 정리가 보인다

방이 어질러진 건지 아닌지, 얼마나 정리를 해야 하는지 모르겠다는 사람이 있습니다. 어질러졌다는 생각이 들지 않으면 정리할 필요성도 느끼지 못합니다. 또한 깨끗하다는 말은 아주 막연해서, 내가 깨끗하다고 생각해도 남이 보기엔 깨끗하지 않을 수 있습니다.

우선은 '정리된 상태'가 어떤 상태인지 명확한 답을 알면 목표가 보입니다. 목적지를 의식하지 않고 걸어가면 길을 잃게 됩니다. 우선은 나에게 맞는 목표를 정해 봅시다.

'정리된 상태'의 답을 찾기에 가장 좋은 장소는 슈퍼마켓입니다. 처음 간 슈퍼마켓에서도 사고 싶은 초콜릿이 어디 있는지 쉽게 찾을 수 있지요. 다른 상품도 마찬가지. 당근을 사고 싶을 때는 야채 매대로 가면 틀림없이 살 수 있습니다. 처음 가 본 곳인데도 어떻게 그렇게 할 수 있을까요? 슈퍼마켓에서는 물건을 규칙에 따라 분류하고 판매하기 때문입니다.

반면 제가 가끔 들르는 할인 매장은 상황이 다릅니다. 다종다양한 상품을 슈퍼마켓과는 다른 방법으로 분류하고 진열하여 팔지요. 덕분에 그 가게에서는 '이런 게 있었네?' 하며 보물

찾기를 하듯 쇼핑을 즐길 수 있지만, 미리 사려고 정해 둔 게 있을 때는 좀처럼 보이지 않아 헤매기도 합니다. 무엇이 어디에 놓여 있는지 알 수 없는 상태에서 사려는 물건을 찾는 건 무척 시간이 걸립니다. 장 보는 시간이 길어져 힘들겠지요.

즉, 알기 쉬운 규칙에 따라 종류별로 분류하여 선반에 진열해 두면, 필요한 물건을 필요할 때에 시간을 들이지 않고 금방 찾을 수 있습니다. 방도 슈퍼마켓 같은 상태가 되면, 물건을 찾는 스트레스 없이 기분 좋게 생활할 수 있습니다.

여러분 방은, 아니면 책상이나 옷장 서랍은 어떤 상태인가요? 슈퍼마켓처럼 깔끔하게 분류되어 있나요? 설령 가지런히 늘어놓았다 해도 그때그때 필요한 물건을 한번에 찾아 쓸 수 없다면, 정리되지 않은 거나 마찬가지입니다. 얼핏 깔끔하게 정리된 듯 '보일 뿐'이라면, 진짜 정리된 거라고 할 수 없지요. 이제 '정리된 상태'가 구체적으로 어떤 상태인지 아셨겠지요?

그러면 다음으로, "이제 정리를 잘할 수 있어."라고 스스로 당당히 말할 수 있는 명확한 기준을 알아 둡시다.

예를 들어 '시험 범위를 적어 둔 종이가 어디 갔지?'라는 생각을 하고 나서 1부터 3까지 세는 동안에 대답을 떠올릴 수 있나요? 방 안에 있는 모든 물건을 3초 안에 "저기 있어!" 하고 찾을 수 있다면 정리에 통달한 것입니다. 이처럼 정리의 명확한 답을 알아 두면 '하고 나서 금세 다시 어질러지는' 헛정리를 피할 수 있습니다.

정리를 못하면 ○○를 잃는다?

1. 정리를 못하면 시간을 잃는다

"컴퍼스가 어디 갔지?"

"시험 범위 적어 둔 종이가 어디 갔지?"

시험공부를 하려고 할 때, 우선 물건부터 찾아야 하는 사람이 있습니다. 공부할 공간부터 확보해야 하는 사람도 있을 테지요. 거기에 걸리는 5분, 10분은 아주 짧은 시간이라고 생각하기 쉽습니다. 하지만 그런 일이 매번 반복되면 결국 아주 긴 시간을 허비하게 됩니다.

예를 들어 시험 일주일 전부터 날마다 물건 찾고 정리하느라 10분씩 허비한다면, 7일 동안 70분. 만약 방이 정리되어 있다면 집중해서 공부할 시간을 한 시간 이상 확보할 수 있는 거죠. 고교 시절 3년 동안이라면 1만 950분, 즉 182시간입니다. 그 시간 동안 집중해서 원하는 과목을 공부한다면 진로를 결정할 때 자신의 선택권이 좀 더 커질지도 모릅니다.

정리된 방에서 지내는 사람과 정리되지 않은 방에서 지내는 사람은, 같은 시간을 살아도 시간 사용법이 전혀 다릅니다. 무언가 찾는 데 너무 많은 시간을 쓰는 바람에 막상 즐길 수 있는 시간이 줄어들고, 늘 쫓기듯 시간을 보내게 될지 모릅니다. 찾느라 허비하는 시간을 줄이고, 좋아하는 일에 투자할 시간을 확보합시다.

2. 정리를 못하면 공간을 잃는다

자기 방을 가진 고교 3학년 남학생이 있었습니다.
그런데 방은 물건들로 넘쳐 나고, 정작 공부할 곳이 없는 겁니다. 사정이 그러하니, 공부는 항상 거실에서 했지요. 침대 위에도 물건이 가득해서, 어쩔 수 없이 엄마와 초등학생 여동생과 같은 방에서 잠을 잤습니다. 자기 방에서 유일하게 쓸 수 있는 공간은 출입문 근처뿐. 거기에는 교과서와 동아리 활동 용품을 놓아두었습니다.

　의뢰를 받아서 그 학생과 함께 방을 정리했습니다. 우선 방 안의 물건을 전부 밖으로 꺼내 보았습니다. 펼쳐 놓고 분류해 보니 초등학교 때부터 쌓아 둔 교과서와 학습지, 이제는 읽지 않는 만화, 미술 시간에 만든 작품, 안 입는 옷, 유치원 때 모은 모형 인형, 더 이상 갖고 놀지 않는 장난감들이었습니다. 그런 물건들로 방이 미어터진다는 걸 알게 되었습니다. 전부 필요 없다고 볼 수 있는 것뿐이었지요. 필요한 것만 골라 수납한 뒤에는 자기 방에서 공부하고 자기 침대에서 잘 수 있게 되었습니다.

이 학생은 수험생이 되고부터는 특히 자기 방에서 조용히 공부에 집중하고 싶었답니다. 자고 일어나는 시간도 본인에게 맞게 정하고 싶었고요. 날마다 그런 마음이 굴뚝같았지만, 공간을 확보할 수 없어서 죄다 포기하고 있었던 거죠.

필요 없는 물건에 둘러싸이는 건 공간을 잃고 사는 것입니다. 그리고 어느새 원래 갖고 있던 선택지도 잃게 됩니다. 이 학생의 경우에는 자기 방, 자기 공간에서 생활한다는 선택지를 잃었던 것입니다.

물건이 쌓여 있는 게 당연한 일이 되어서, 자기가 생활할 공간보다도 물건을 위한 공간이 우선시된다는 사실을 깨닫지 못하는 사람이 실은 많습니다.

혹시 뜨끔한 구석이 있다면, 지금 내 방이나 내 책상이 물건을 위한 공간인지 나를 위한 공간인지 한번 생각해 봅시다.

3. 정리를 못하면 친구를 잃는다

막 중학교에 들어간 여학생 이야기입니다.
이 학생은 친구들을 집에 부르지 못했습니다. 엄마도 엄마 친구들을 초대하지 않았기 때문에 그게 당연한 일인 줄 알았습니다.

초등학교 저학년 때까지는 이유를 깊이 생각하지 않았습니다. 그런데 고학년이 되어 친구 집에 놀러 가 보고, 자기네 집이 얼마나 어질러져 있는지 깨닫게 되었습니다. 동시에 집에 친구들을 부르면 안 된다고 귀에 못이 박이도록 들어야 했던 이유도 알게 되었습니다.

이 가족에게는 어질러진 상태가 일상이었기 때문에 깨끗하게 정리된 집에 가 보고 나서 처음으로 자기네 집을 객관적으로 관찰할 수 있게 되었습니다. 그리고 엄마가 왜 사람을 집에 부르지 않는지도 알게 되었지요.

그뿐 아니라 자신도 엄마처럼 물건을 버리지 못한다는 사실을 깨달았습니다. 하지만 실은 버리지 못하는 게 아니라 버려도 된다는 걸 몰랐던 겁니다.

서랍 한가득 닳아서 못 쓰는 몽당연필이 있었습니다. 지우개도 마찬가지. 엄마가 물건을 버리지 않기 때문에 버리면 안 된다고 생각했던 거지요.

집에 꼭 사람을 초대해야 하는 건 아닙니다. 그런 걸로 우정을 시험할 것도 아니고요. 하지만 초대하지 못하는 이유가 집 정리를 못해서라면 어떨까요? 정리 때문에 친구를 초대할 '기회'를 잃는 거라고 할 수 있습니다.

이 학생과 함께 방 정리를 하다 보니, 친구한테 빌려 놓고 돌려주지 않은 책과 시디, 학교에 내는 걸 깜빡한 서류 따위가 이 구석 저 구석에서 나왔습니다. 빌린 물건을 돌려주고, 내야 할 물건을 기간 내에 내는, 당연히 해야 할 일을 못하는 상황까지 생긴 겁니다. 그런 일이 계속 반복되면 어떻게 될까요? 그래요,

신용을 잃게 됩니다. 중요한 걸 깜빡하는 데도 정도가 있으니까요.

그 밖에도 친구에게 "미안해" 하고 전하는 편지, 친구에게 보내려고 쓰다 만 생일 축하 카드 따위가 나왔습니다. 그걸 전해 주었다면 제때 화해할 수 있었을 테고, 친구를 위하는 마음은 제대로 전해졌을 텐데 말이죠.

이처럼 정리를 못하면 좋았던 관계가 나빠질 가능성도 있는 겁니다.

4. 정리를 못하면 창의력을 잃는다

정리를 통해 여유 시간이 생기면 새로운 아이디어들을 떠올리게 됩니다.

반면에 정리가 되어 있지 않으면, 늘 물건을 찾느라 시간을 낭비하고, 해야 할 일에 쫓기다가 하루가 끝나 버리므로 새로운 생각들을 해낼 시간 여유가 없습니다.

아이디어를 생각해 내는 건 새로운 가능성을 만들어 간다는 얘기입니다. 사회에 나갔을 때도 일상 업무와 '일'은 구분해서 생각합니다. 진정한 뜻에서 일이란 새로운 발상을 떠올리는 것입니다. 어떻게 해야 고객이 더 만족할까, 어떻게 해야 즐거운 시간을 보내게 할 수 있을까 하는 생각이, 많은 사람이 좋아하는 회사를 만듭니다. 그리고 자신도 인정을 받게 됩니다.

학교 행사도 마찬가지입니다. 적극적으로 아이디어를 내고, 모두가 거기에 동조하고 협력할 때 즐거운 추억을 만들 수 있습니다. 반면에 여유가 없어서 시키는 대로만 하겠다거나 누군가에게 맡기면 그만이라는 생각으로 참가하면, 같은 하루라도 의미가 전혀 다릅니다.

정리를 잘하는 사람은 시간 여유가 있는 만큼 창조성을 발휘해 더 많은 사람을 기쁘게 만듭니다. 당신이 잃어버린 것은 그 경험을 할 기회입니다. 시간이 있었다면, 여유가 있었다면, 당신도 할 수 있었을지 모르지요.

항상 뭔가를 찾느라 시간에 쫓기면서 하루하루를 보내는 것과 매 순간 여유롭게 창조성을 발휘하며 인생을 충실하게 만드는 것, 둘 중 어느 쪽을 선택하고 싶은지 꼭 생각해 보세요.

5. 정리를 못하면 분별력을 잃는다

정리를 못하는 사람은 자기만의 신념에 사로잡혀 필요한 행동을 못 하는 경우가 많습니다.

예를 들어, 쓰지 않는 물건을 아깝다면서 마냥 갖고 있는 사람이 있습니다. 자기 취향도 아니고 필요한 물건도 아닙니다. 그걸 알면서도 그저 아깝다는 생각에 손에서 놓지 못합니다. 여러분은 어떤가요?

무척 좋아했던 캐릭터 연필을 예로 들어 볼까요? 몇 년 전에 이미 흥미를 잃었는데도 '언젠가 쓸 거야.' 하면서 그대로 보관해 둔 사람이 많을 겁니다. 하지만 '쓰자!' 하고 의식하지 않는 한, 사실 쓸 일이 없습니다. 연필은 소모품이니까 언젠가는 없어지겠지라는 건 안일한 생각입니다. 만약 다 쓰겠다는 마음으로 평소에 사용했다면, 진작 다 써서 남아 있지 않을 테지요.

그러면 언제까지 갖고 있을 건가요? 언제부터 쓸 건가요? 먹을 것처럼 썩기라도 하면 망설임 없이 처분할 수 있겠지만, 아쉽게도 연필은 그렇지 않습니다.

다른 예도 들어 보지요. 마음에 드는 티셔츠, 즐겨 입다 보니 목덜미가 늘어나서 너덜너덜해지고 색도 변했습니다. 아무리 좋아해도 밖에 입고 나갈 수는 없지요. 그런데 집에서 입는 데는 문제없다며 보관해 두는 경우가 많지 않나요? 그런 옷이 서랍 속에 얼마나 쌓여 있지요?

여러분 공간에는 아마 더는 쓸 일이 없는, 혹은 쓸 마음은 없지만 버리기 아까워서 모아 둔 물건이 얼마나 있나요?

만약 쓰지 않는 연필이 있다면, 이웃이나 친척 집 아이에게 줄 수 있습니다. 학교에 기부하는 방법도 있고요. 너덜너덜해진 티셔츠는 걸레를 만들어 청소할 때 쓸 수도 있습니다. 그렇게 낡지 않았다면 헌 옷 가게에 팔 수도 있지요. 그렇게 하는 게 과연 아까운 일일까요?

정말 아까운 건, 쓸 수 있는 물건을 쓰지도 않으면서 서랍이나 선반에 넣어 두는 일입니다. 자기 가치관과 신념을 서랍에 방치해 두는 것이나 다름없습니다. 필요 없는 물건에 공간과 시간을 빼앗기고, 스트레스를 받고, 결국엔 마음도 빼앗겨 버린다는 사실을 부디 깨닫기 바랍니다. 안타깝게도 사람들은 그런 사실을 좀처럼 깨닫지 못합니다.

필요하든 필요하지 않든 아까우니 버리기보다 쌓아 두는 가치관과 당장 필요한 물건, 공간, 시간을 알차게 쓰는 가치관. 무얼 고르든 상관없습니다. 하지만 정리가 되지 않으면, 어떤 가치관이 자신에게 필요하고 중요한지 분별할 여유조차 잃게 됩니다.

박스 집이 가르쳐 준 것

어떤 남학생은 집 안에 자기 공간이 없어서 박스로 집을 짓고, 집에 있는 동안에는 대부분의 시간을 그 상자 속에서 보냈습니다. 박스 집이 가장 마음 놓이는 장소라더군요. 부모님과 두 남동생과는 거의 얘기를 하지 않고, 공부도 게임도 박스 집에서 하고 있었습니다. 그런 생활이 초등학교 5학년 때부터 중학교 1학년 때까지 계속됐습니다.

그 학생이 초등학교 4학년이 되었을 무렵, 어머니가 오랫동안 근무하던 회사에서 해고당했습니다. 그때부터 어머니는 기운을 잃었습니다. 학교에서 돌아오면 항상 엄마가 집에 있었지만, 아침에 일어나는 것도 힘든 듯 아침밥도 아버지가 준비하게 되었습니다. 얼마 지나지 않아, 청소와 빨래와 정리도 방치하게 되었습니다.

어머니도 이대로는 안 되겠다고 생각했고, 어떻게든 지금 상태를 바꾸고 싶어 했습니다. 그러던 중 우리 회사 홈페이지에 있는 "당신의 방은 지금 당신의 모습입니다."라는 말을 발견했다고 합니다. 그 말이 인상에 깊이 남은 어머니는 오래 고민한 끝에 수납 상담을 받고 싶다고 저에게 연락해 왔습니다.

어머니는 자신과 마주하면서, 집을 정리하고 아들 방을 마련할 수 있었습니다. 아들은 드디어 책상 위에서 공부할 수 있게 되었습니다. 또 침대 위에서 게임을 하고 동생들과 노는 시간도 늘어 갔습니다. 그래도 한동안은 박스 집을 버릴 수 없었습니다.

찬찬히 이야기를 들어 보니, 그 학생은 반에서 집단 따돌림을 당하고 있었습니다. 부모님에게 말할 수 없어서 힘들었지만, 어머니가 힘내서 집 정리를 하는 모습에 자기도 조금은 긍정적인 마음이 생겼다고 얘기해 주었습니다. 따돌림이 해결된 건 아니지만, 가족이 있어서 좋다고 생각하게 되었다더군요.

전에는 학교에 가도 시시하고, 지저분한 집에 돌아오면 아무 것도 안 하는 엄마한테 화가 나고, 동생들도 그저 시끄러울 뿐이었답니다. 그 아들에게는 박스가 유일하게 자신을 지켜 주고, 안심할 수 있는 장소였던 겁니다.

만약 그대로 계속 박스 집에 있어야 했다면, 그 친구가 긍정적으로 마음을 열 가능성은 아주 좁아졌을지도 모르지요. 가족과의 관계도 원만하지 않았을 테고요.

자기가 놓인 상황을 완전히 바꾸는 건 어렵지만, 사소한 것부터 바꾸기 시작하면 마음가짐도 달라지고 상황 전체가 바뀌는 계기가 마련되기도 합니다. 이것은 인간이 가진 큰 힘 중 하나입니다. 정리를 통해 시야가 넓어지면 아무리 나쁜 상황에서도 행복해질 방법과 가능성을 찾을 수 있다는 걸 그 친구가 증명했고, 저는 그를 통해 배웠습니다.

어머니가 기운을 차린 게 아들에게는 가장 기쁜 일이었을지도 모릅니다. 박스 집을 완전히 손에서 놓을 날도 그리 멀지 않았겠지요.

초등학교 4학년 여학생 하나는, 방 정리 후에 난생처음 친구를 집으로 초대할 수 있었습니다. 그 친구가 말했습니다.

"방이 어쩜 이렇게 깨끗하니? 나한테도 정리하는 방법 좀 가르쳐 줘!"

이튿날, 아이는 친구 집에 가서 정리하는 방법을 가르쳐 주었습니다. 친구 어머니도 칭찬하셨습니다. 얼마 지나지 않아 반에서 '정리 잘하는 친구'라는 평판을 얻었지요. 교실에서 학급 도서를 가지런히 꽂거나, 청소 도구를 모아서 정리하거나, 다른 아이들이 신경 쓰지 않는 일들을 자발적으로 하게 되면서 선생님께도 칭찬을 받았습니다.

얼마 전까지만 해도, 정리하는 법을 모르고 물건을 버리지도 못해서, 학교에 내야 할 서류도 제때 못 내던 학생이었습니다. 그런데 정리하는 방법을 알게 되자, 물건을 놓고 가는 일도 없어지고, 모두에게 신뢰를 받고, 학교가 전보다 훨씬 즐거운 장소가 되었습니다.

더욱이 남에게 가르쳐 주는 게 재미있다는 생각이 들었다는 군요. 그래서 장차 학교 선생님이 되고 싶답니다. 못하던 일을 할 수 있게 되어 주변에서 인정을 받고, 자신감을 가질 수 있었던 것이죠. 그러자 지금까지 보이지 않았던 가능성도 보이게 된 것입니다.

끝으로 고교 3학년 여학생 이야기입니다. 정리를 하나도 할 줄 몰라서 언제나 보다 못한 어머니가 멋대로 방 정리를 했지요. 날이면 날마다, 얼굴만 마주치면 "정리 좀 해!" 하고 잔소리하는 어머니한테 딸은 화가 났습니다. 방이 지저분해도 물건이 어디 있는지 다 알뿐더러, 딱히 남한테 피해 주는 것도 아니니까 상관없다고 생각했거든요. 어머니가 멋대로 정리를 하고 나면 오히려 마음이 진정되지 않고, 어디에 무엇이 있는지 알 수 없어지니까 제발 가만히 놔둬 주기를 바랐답니다.

저와 함께 정리 연습을 하는 동안, 딸은 많은 이야기를 들려주었습니다.

"엄마는 정리를 하는 것처럼 보여도, 사실은 안 보이는 데다 물건을 처박아 둘 뿐이에요."

"저한테 정리를 해라, 해라 하지만, 정리 방법을 가르쳐 주는 것도 아니고, 그냥 꽥꽥 잔소리를 하고 싶은 것뿐이죠."

"엄마도 아빠가 '그건 어디 있어?' 하고 물으면 대답 못 해서 싸우고, 그러다가 정리가 안 되는 건 제 책임이라며 저만 탓하고……."

그랬던 딸이 정리 방법을 배워서 자기 방과 물건을 정리할 수 있게 되자, 어머니를 배려하기 시작했습니다. 자기 방뿐 아니라 집 안 정리를 도왔습니다. '나는 그저 정리 방법을 몰랐을 뿐이고, 엄마도 역시 모르는 것뿐'이라는 사실을 알게 된 것이죠.

정리를 돕는 동안, 어머니가 소중히 보관해 둔 자신의 어릴 적 만들기 작품과 추억 어린 사진이 나오자 수줍게 기뻐했습니다.

그 뒤 이 학생은 곧 집에서 먼 대학에 진학했고, 혼자 살게 되었습니다.

만약 정리를 못하는 채로 집을 나가 생활하게 되었다면, 딸은 드디어 어머니 잔소리에서 해방돼 속이 시원하다고 했을까요? 하지만 그 친구가 생활하는 방은 어떤 꼴이 되었을까요?

정리를 할 수 있게 된 딸은 새로운 생활을 안심하고 시작하게 되었을 뿐 아니라, 가족을 배려하는 마음도 커졌습니다. 그래서 아무런 걱정이나 응어리 없이, 하고 싶은 일을 향해 똑바로 나아갈 수 있었습니다.

가능성이 넘치는 내 방

정리를 매개로 만났던 청소년들의 사례를 소개했습니다. 정리 연습을 통해 그들에게서 본 것은 가능성입니다. 정확히는 가능성 말고 다른 것은 보이지 않았습니다.

의뢰인 댁을 찾아가면 현관에서 "어질러져 있어서 죄송해요."라는 말을 어김없이 듣습니다. 하지만 괜찮습니다. 심하게 어질러져 있을수록 많은 가능성이 잠들어 있습니다.

깨끗한 방은 더 깨끗하게 하더라도 추가 흔들리는 폭이 좁아 변화도 적지요. 반대로 '내 힘으로는 어떻게 정리해 볼 도리가 없어.'라고 생각하는 사람이 제대로 배우고 연습해서 정리를 잘하게 됐을 때, 추는 엄청나게 큰 폭으로 움직입니다. 생활의 변화, 의식의 변화, 인생의 변화가 아주 크게 일어납니다.

그런데 정리를 도우러 갔을 때 아이들이 가장 기뻐하는 세 가지는 뭘까요?

첫째는 자기 공간, 자기 방을 가질 수 있는 것,

둘째는 친구를 집에 부를 수 있는 것,

셋째는 정리하라는 잔소리를 들어도 화내지 않고 금방 정리

하게 되는 것입니다. 연습을 통해 자신과 물건의 거리를 알게
되어, 정리를 더 이상 귀찮아하지 않는 것입니다.

　그러면 내 방에는 어떤 가능성들이 잠들어 있는지 정리 연습
으로 찾아봅시다.

정리하는 힘 기르기

정리하게 만드는 특효약

정리는 귀찮지요. 대개는 남이 뭐라고 해야 마지못해 하는 일입니다. 자진해서 하는 사람은 아주 적지요.

그런데 딱 하나, 정리를 하고 싶게 만드는 특효약이 있답니다. 앞에서도 잠깐 언급했는데, 기억할지 모르겠군요.

어떻게 하면 정리할 마음이 들까요? 해낼 수 있을까요?

바로 '친구가 내 방에 놀러 올 거야.' '좋아하는 사람이 올 거야!'라는 생각을 해 보는 것입니다. 진짜로 초대해 두는 것도 좋지요.

자, 내일 우리 집에 '친구'가, '사랑하는 사람'이 올 거예요. 내 방은 지금 이대로 괜찮은가요? 상상해 봅시다. 현관을 지나 곧장 내 방으로 친구를 안내합니다. 문을 열고…….

친구의 눈으로 한 번 더 방 안을 냉정하게 살펴봅시다.

마시다 만 음료수병이 굴러다니거나, 과자 봉지가 떨어져 있거나, 교과서와 참고서 따위가 여기저기 산더미를 이루고 있지 않나요? 벗어 던진 옷이 그대로 널려 있지는 않나요? '이런 모습을 보이려 하다니 너무 부끄럽다. 얼른 정리하자.'라는 생각이 들지 않나요?

친구나 좋아하는 사람이 본다는 생각에 더 열심히 하게 되는 일이 있습니다. 운동 시합이 그렇고, 옷차림과 머리 모양도 친구에게 칭찬을 받거나 좋아하는 사람이 '멋지다.'라고 생각해 주기를 바라기 때문에 더 신경 쓰게 되지요.

어른도 손님이 올 때는 허둥거리며 현관을 정돈합니다. 평소와 달리 꽃을 꽂아 두기도 하고요. 거실을 깨끗하게 청소하고, 어질러진 물건은 벽장에 감추거나 다른 방으로 옮겨 둡니다. 조금이라도 잘 보이려는 마음이 정리에 박차를 가하지요.

남에게 잘 보이고 싶은 마음은 결코 나쁜 게 아닙니다. 그 마음 깊은 곳에는 배려심이 깃들어 있게 마련이니까요. 방을 정리하느라 들이는 시간과 노력에는 '찾아오는 사람이 가능한 한 기분 좋게 지내도록 해 주고 싶다.'라는 마음이 담겨 있는 것입니다.

'뭐든지 이해하는 사이니까 정리할 필요 없어. 나를 있는 그대로 좋아해 주면 돼.'라고 생각한다면, 생각을 바꾸기 바랍니다. 친구 집을 찾아갔을 때 방이 깨끗하다면 어떨까요? 나를 좋아하기 때문에, 소중한 친구라고 생각하기 때문에 방을 정리하고 기다렸다면 어떨까요? 친구가 나를 위하는 마음이 느껴져 고맙고 기쁠 테지요.

거꾸로, 정리되지 않은 방에 초대되었다 해도 마음 상할 것은 없습니다. 그 친구가 나를 소중하게 여기지 않아서가 아니라, 그저 정리하는 법을 모르는 것뿐이니까요. 여기까지 읽은 여러분은 그런 사실을 잘 이해할 것입니다.

　항상 서로를 소중하게 생각한다면, 상대를 위해 정리를 해보는 건 어떨까요? 정리는 사랑하는 사람을 위하는 도구이기도 하답니다.

알아야 내 편이 된다

먼저 알아 두어야 할 것이 있습니다. 정리에는 두 가지가 있습니다. 하나는 일상생활에서 사용한 물건을 원래 있던 자리에 넣어 두는 것입니다. 사용한 그릇을 씻어서 식기장에 넣어 두는 일, 다 읽은 만화를 책꽂이에 꽂아 두는 일입니다.

두 번째는, 이제부터 순서대로 설명해 나갈 텐데요, 물건을 어떻게 소유하고 있는지 철저하게 되돌아보고 물건을 고르는 힘을 키우는 정리입니다. 이 정리 방법은 일단 제대로 연습해서 확실히 익혀 두면 다음에 같은 수고를 반복할 필요가 없습니다. 그다음에는 일상생활에서 꺼낸 물건을 다시 넣는 정리만 하면 됩니다. 이것은 평생 써먹을 수 있는 기술입니다. 일에도 응용할 수 있고요.

물건이란, 오래 살수록 늘어나는 법입니다. 그런 까닭에 십 대인 여러분이 하는 정리 연습과 어른이 되어 하는 정리 연습은 힘든 정도가 아주 다릅니다. 해가 갈수록 물건 양이 많아져서 일도 많아집니다. 인생 초반에 일찌감치 정리 기술을 익혀 두면, 물건 고르는 법은 물론 돈을 쓰는 법과 시간을 쓰는 법에서도 정리 방법을 모르는 사람과 큰 차이가 발생한다는 걸 꼭 알아 두시기 바랍니다.

　정리라고 하면 '물건을 치우고 버리는 일'이라고 생각하기 쉬운데, 그렇지 않습니다. 하나의 흐름이 있지요.

　'꺼내기' → '나누기' → '고르기' → '수납' 순입니다.

　만약 여러분이 지금까지 정리에 실패해 왔다면, 이 순서를 모른 채 그저 '버리는' 작업만 하려고 했기 때문일 것입니다. 정리는 이 흐름, 순서가 중요하답니다. 어느 한 단계만 해치운다고 정리가 되지 않습니다. 조급해하지 말고 한 걸음씩, 공들여서 하는 방법을 익혀 갑시다.

　여러분 방이 물건으로 둘러싸여서 갑갑하다고 합시다. 그러면 대개는 '정리해야지.' 혹은 '버려야 하는데.'라는 생각부터 하게 됩니다. 그런 마음을 잠깐 접어 두고 우선은 '무엇을 가지고 있는지 아는 일'에 집중해 주시기 바랍니다.

　'자기 방 물건인데, 당연히 다 아는 것 아니야?'라고 생각하는 사람이 있을지 모르겠네요. 그런데 자기 방 물건을 빠짐없이 파악하여 관리하는 것과, 가끔 꺼내 보고 언제 어디서 손에 넣었는지, 어째서 방에 있는지를 떠올리는 건 전혀 다릅니다. 아직은 그 차이를 모를 수도 있지만, 일단 앞으로 나가 봅시다. 찬찬히 방을 살펴보고 느끼기 바랍니다.

　어떤 물건이 숨 막히게 하나요?

　성가신 물건은 무엇인가요?

볼 때마다 마음이 불편해지는 물건은 무엇인가요?

항상 정리를 못 해서 부모님한테 혼나게 만드는 물건은 무엇인가요?

잘 생각해 보세요. 본래 물건은 나를 괴롭히는 적이 아니라 내 편입니다. 생활을 도와주고 인생을 풍부하게 해 주지요. 하지만 지금 이대로는 내 편이 아닙니다. 어떻게 하면 내 편이 될 수 있을지 설명해 볼게요.

우선, 물건은 쓰기 쉬운 곳에 보관함으로써 적절하게 사용할 수 있습니다. 일상생활뿐만 아니라 인생 전반에 틀림없이 도움이 될 것입니다.

그러려면 물건을 물건으로서 끝까지 써야 하고, 끝까지 쓰려면, 앞서 말했듯이 우선 쓰기 쉬운 곳에 보관해야 합니다.

바로 그거지요. 쓰기 쉬운 곳에 적절하게 보관해 두는 일이 중요합니다. 그런데 물건을 각각 쓰기 쉬운 곳에 두려면, 갖고 있는 물건을 전부 알아야 할 필요가 있지요.

우선은, 갖고 있는 물건을 모두 밖으로 꺼냅니다. 그런 다음 나누고 고르는 겁니다. 물건 하나하나에 대한 불평과 원망은, 정성 들여 고르는 과정에서 모두 해소될 겁니다. 그러면 모든 물건을 내 편으로 만들 수 있습니다. 인생을 도와주는 존재로 활용할 수 있지요. 그렇기에 '아는 것'이 첫 번째 목표이자 시작입니다.

'알기' 위해서 가장 좋은 방법은 물건을 모두 '꺼내는' 것이고, 그다음이 '나누기', 이어서 '고르기', 마지막이 '수납'입니다. '수납'이라는 말은 정리의 마지막 단계에 가서야 나옵니다. 수납은 어떻게든 하면 되는 일이지만, '알지 못하면' 어려운 일이라고 할 수 있지요. 가장 중요한 건 '알기'를 염두에 둔 흐름입니다. 한 번 더 반복해 보시기 바랍니다. '꺼내기', '나누기', '고르기', '수납'이라고.

사진을 찍자

그러면 곧바로 정리 순서를 설명할게요.

여러분은 어떤 방에 살고 싶은가요?

　우선 구체적으로 생각해서 추려 봅시다. 생각하면 할수록 한층 현실에 가까워집니다.

　생각한 것을 종이에 적어 보는 것도 중요한 일입니다. '생각하는 일'은 아주 추상적이지요. 머릿속에 있는 듯 보이지만 실은 아무것도 없는 것이나 마찬가지입니다. 생각한 것을 종이에 옮겨 적었을 때, 비로소 말이 되고 개념이 되어 자기 것으로 다룰 수 있게 됩니다. 또한 글로 쓰면 시각화됩니다. 쓴 것을 눈으로 보면 자극을 받게 되고, 더욱 구체적으로 생각하게 되어 정리 의욕이 커집니다. 이것은 동시에 '이렇게 하고 싶어.'라는 이미지, 즉 목표를 정하는 일이기도 합니다.

　다음으로, 정리를 시작하기 전에 방의 상태를 사진으로 찍어 봅시다. 디지털카메라, 휴대전화, 태블릿, 뭐든 좋습니다.

　사진을 찍는 데는 두 가지 장점이 있습니다.

　사진을 통해서 보는 자기 방은, 내 눈으로 볼 때와 분위기가 많이 달라 보일 것입니다. 왜 그럴까요? 집을 찾아온 손님과 같은 시선이 되기 때문입니다. 날마다 지내는 집을 객관적으로 보기란 아주 어려운 일인데, 사진으로 찍어서 보면 그게 가능해집니다. 자기 집과 방 상태를 객관적인 눈으로 보면, 지금까지 보이지 않던 이런저런 것들을 깨닫게 됩니다.

전에 이런 일이 있었습니다. 의뢰인의 허락을 받아서 정리 전과 후의 집 사진을 제 블로그에 게재했습니다. 의뢰인은 언젠가 블로그를 보다가 처음에 게재된 정리 전 사진을 보고 생각했답니다.

'꽤 어질러진 집이네. 우리 집도 그랬지. 맞아, 그랬어.'

그러고는 글을 읽어 나가다가 마지막에 정리 후 사진을 보고 깨달았다고 합니다.

'이거 우리 집이었구나!'

그 정도입니다. 정리하기 전 방 상태는 쉽게 잊어버리기 마련이니까요.

그 뒤 그 의뢰인이 제게 알려 왔습니다.

"잘도 이런 집에서 살았네요. 믿을 수 없어요. 두 번 다시 돌아가고 싶지 않아요!"

이번엔 두 번째 장점.

아무래도 정리를 하다 보면, '의욕이 사라졌어.' '더는 못 하겠어.' 하는 고비가 옵니다. 정리해야 할 것들이 아직 잔뜩 남아서 금방 지겨워지기 때문일 겁니다. 10퍼센트든 20퍼센트든 해냈다는 사실을 생각해야 하지만, 앞서 말했듯이 일단 정리를 시작하면 이전 상태를 기억하기가 힘듭니다. 그래서 '전혀 안 됐잖아.' '아, 못 하겠어', '몇 번을 해도 똑같아.' 하면서 자신감을 잃고 포기하게 됩니다.

　그럴 때 정리 전 사진을 보는 거지요. 한 걸음이든 두 걸음이든 나아가고 있다는 걸 확인함으로써, 자신의 노력을 인정하기 바랍니다. 그렇게 조금씩 변하고 있다는 사실을 알게 되면 다시 의욕을 낼 수 있습니다. '계속하자.'라고 마음을 고쳐먹을 수 있습니다. 결의를 새롭게 다질 수 있지요.

꺼내고 나누고 고르고 수납하기

1단계. 몽땅 꺼낸다

그러면 정리를 시작해 볼까요?

우선 물건을 원래 있던 곳에서 죄다 꺼냅니다. 정리 훈련의 첫 번째 목표는 내가 무엇을 얼마나 가지고 있는지 아는 일입니다. 그러려면 전부 눈으로 확인하는 것이 가장 빠릅니다.

'무엇을 얼마나 갖고 있는가?'를 알기 위해서 서랍을 열고 연필이 몇 자루, 티셔츠가 몇 장, 책이 몇 권 하는 식으로 셀 필요는 없습니다. 몽땅 '꺼내기'만 하면 됩니다.

다만, 수납 장소에서 물건을 죄다 꺼내는 일 자체가 심리적으로도 그렇고 행동하는 데도 첫 번째 관문이 되지요.

'몽땅 꺼내면 오늘 중으로 작업을 끝내지 못할지도 몰라.'

'꺼내는 건 괜찮지만, 오히려 더 어질러지면 어쩌지?'

그런 생각이 '정리하자!'라는 의욕을 깎아 먹기 쉽습니다.

너무 불안하다면, 처음에는 상자 하나, 서랍 하나, 선반 하나부터 시작해 보기를 권합니다.

아니면 한정된 물건부터 시작해 봅시다.

책상부터 시작한다면 오늘은 문구만, 내일은 참고서만, 이렇게 주제를 정해서 시작하는 겁니다. 오늘은 책꽂이부터 정리하자, 하는 것도 좋겠지요. 오늘은 벽장부터 정리하자, 하는 것도 좋겠고요.

그런 식으로 조금씩 작은 공간부터 시작하거나, 한 가지 주제 혹은 범주부터 '연습'을 시작해 정리를 진행해 나갑니다.

놀랐나요? 그래요. 정리에도 '연습'이 필요합니다. 처음부터 높은 장애물을 넘으려고 할 필요는 없습니다. 작은 공간, 작은 범주부터 손을 대서, 조금씩 정리에 익숙해집시다.

전부 꺼내 보면 '이렇게 많은 물건이 들어 있었구나!' 하고 놀라는 사람이 많습니다. 본래 수납할 때는 열심히 궁리해서 100퍼센트 공간에 150~200퍼센트를 집어넣는 것이 아닙니다. 너무 쌓아 두면 오히려 필요한 물건을 제때 찾거나 꺼내기가 더 어렵습니다. 수납은 물건을 쓰기 쉽게 하는 방법입니다.

전체 공간의 60~80퍼센트 정도를 채우는 것이 적정합니다. 서랍이나 선반에 공간이 비어 있으면 어떻게든 물건을 넣고 싶어질지도 모르겠지만, 그런 유혹에 넘어가지 않기를 바랍니다. 공간의 여유는 마음의 여유이기도 하니까요.

'적당히'라는 말이 있습니다. 하지만 초고속으로 나아가는 현대사회에는 '적당히'를 취할 여유가 없어진 것 같습니다. 마찬가지로 공간에도 '적당히'가 필요하지만, 이제는 공간조차 너무 많은 물건에 지배당해 숨 막히는 상태가 된 건 아닐까요?

이 '적당히'라는 것을 취할 줄 알면 마음에도 여유가 생깁니다.

어쨌든, 몽땅 꺼내고 봅시다!

1단계 연습 포인트

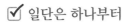
☑ 일단은 하나부터

처음에는 상자 하나, 선반 하나부터 해 봅시다.
아니면 한정된 물건부터 시작해 봅시다.

2단계. '나누기'

물건을 몽땅 꺼내는 것만으로는 첫 목표인 '무엇을 얼마나 갖고 있는가'를 알기 힘들지요? 그래서 2단계에서는 꺼낸 물건을 나누어, 무엇을 얼마나 가지고 있는지 파악합니다.

그러면 우선 책상을 예로 들어 볼까요?

책상 위에 놓인 것과 서랍에 든 걸 죄다 꺼내서 한곳에 모읍시다. 대강 나누면서 꺼내면 더 좋겠지요. 앞서 얘기했듯이, 전부 꺼내기 어려우면 우선 서랍 하나만 시작해도 괜찮고요.

다 꺼냈나요? 그러면 드디어 나눌 차례입니다.

서랍 속에는 뭐가 들어 있었나요? 예를 들어, 문구를 전부 꺼냈다고 합시다. 그럼 우선 문구점을 떠올려 보세요. 가위, 칼, 매직펜, 색연필, 볼펜, 풀, 테이프처럼 종류별로 잘게 분류해서

팔고 있지요? 그렇게 나누어 보세요. 귀찮더라도, 더 이상 나눌 수 없을 때까지 나눠 주세요. 어중간하게 하면 수납할 때도 어중간해져서 혼란이 생깁니다. 힘들더라도 꼼꼼하게 나누어 봅시다.

만약 어떻게 분류해야 할지 알 수 없는 것이 나오면, 손을 멈추지 말고 '알 수 없는 것'이라는 분류를 만들어서 일단 한쪽으로 모아 주세요.

다 나누었으면 우선 '알 수 없는 것'부터 살펴봅시다. 예를 들어, 손수건이나 티슈, 안경, 손목시계, 지갑, 장난감, 손톱깎이 같은 것은 문구가 아닙니다. 이처럼 지금 분류하는 물건과 종류가 다른 물건은 일단 그와 비슷한 종류를 넣어 둔 곳에 다시 수납하세요. 문구 서랍에서 재봉 가위가 나왔다면 재봉 도구가 있는 곳에 넣어 두세요. 이때 수납 장소가 어질러져 있더라도, 신경 쓰지 말고 문구 분류 작업으로 돌아갑니다. 재봉 도구도 나중에 같은 방식으로 정리할 테니까요.

'나누기' 단계에서 주의할 점이 있습니다. 우선, '필요한가, 필요하지 않은가?'라는 판단 기준은 지금 필요하지 않습니다. 또한 결코 '물건을 버리거나 추억에 잠겨서는' 안 됩니다. 감정을 배제하고 '나누기', 즉 분류 작업에만 열중해 주세요.

다음 단계인 '고르기' 작업에 많은 시간을 쓸 겁니다. 처음 두 단계에 시간을 들이고 있다가는 하루에 정리를 끝낼 수 없게 됩니다.

☑ 버리지 않을 것, 감정을 빼고 할 것

몽땅 꺼내어 나누는 이 단계에서는 버려도 괜찮은 것, 즉 지금은 그저 쓰레기일 뿐인 물건도 절대 버리지 마세요. 또 하나, 끝까지 감정을 빼고 작업하기 바랍니다.

'필요'와 '불필요'를 바로바로 판단해서 '필요 없는 것'을 버리며 작업하면, 언뜻 보아 방은 깨끗해집니다. 기분도 상쾌해지기는 하겠지요. 하지만 이 단계에서 곧장 물건을 버리면, 자신이 지금 어떤 물건을 얼마나 쌓아 두고 있는지, 쓸데없는 것을 얼마나 많이 갖고 있는지 알 기회를 놓쳐 버립니다. 설사 '필요 없는' 물건이라 해도 버리지 말고, 우선은 나누어 두기만 합시다. 그리고 쓰레기통이 아닌 곳에 '필요 없는' 물건이 있었다는 걸 똑바로 이해합시다.

다 나누었으면 '필요 없는' 물건은 무엇인지 살펴봅시다. 이를 통해 평소에 내가 어떤 물건을 버리지 못하는지도 알 수 있습니다. 사람마다 습관이나 취향에 따라 '필요 없는' 물건이 다릅니다. 이 과정을 거치면 자기 생태를 잘 알 수 있게 됩니다. 나를 알고 변할 수 있는 기회이지요.

결국에는 '필요 없는' 것, 즉 '쓰레기'로 버리더라도 과정이 다르면 결과 역시 달라집니다. 같은 물건을 또 사거나 쌓아 두는 악순환을 반복하는 것은 무엇을 버렸는지 모르기 때문입니다.

버리고 싶은 마음을 꾹 누르고 작업을 진행하세요.

'나누기' 작업의 장점은 정리 연습의 첫 번째 목표인 '무엇을 얼마나 가지고 있는가'를 한눈에 알 수 있다는 것입니다.

"방 안에 가위는 몇 개나 있던가요?"

"쓰지 않은 연필이 얼마나 있던가요?"

"볼펜은 어떤가요?"

나누어 놓으면 쉽게 알 수 있답니다.

3단계. '고르기'

지금까지는 감정을 빼고 오로지 꺼내어 종류별로 나누는 작업을 했습니다. 자, 이제부터가 진짜입니다.

나눈 물건을 다음 두 가지로 분류해 보세요.

① 쓰든 안 쓰든 상관없이 좋아하는 물건

② 생활에 필요한 물건(현재 쓰는 물건)

①번, 좋아하는 물건은 금방 고를 수 있을 테지요. 쓰든 안 쓰든 좋아하는 물건은 나를 즐겁게 해 줍니다. 저도 아주 좋아하는 액세서리를 하고 있을 때는 기분이 무척 들뜹니다. 좋아하는 책은 읽지 않더라도, 거기 있는 것만으로 힘을 주고요.

"좋아하는 물건이 없어요."라고 하는 사람도 많습니다. 그럴 때는 줄곧 갖고 있었지만 딱히 좋아하는 물건은 아니라는 사실을 확인하는 것으로 충분합니다. 또한 "좋아하는 물건을 고를 수 없어요." 하는 사람도 있을지 모르겠네요. '좋아하는지도 모르겠어.' 혹은 '좋아하는 것 같기도 해.'처럼 마음이 확실치 않을 수도 있지요. 그건 그대로, 일단 좋아하는 물건으로 분류하세요. 다 됐으면 다음 단계로 넘어갑시다.

②에서 생활에 필요한 물건, 지금 쓰는 물건도 찬찬히 엄선해 봅시다. "전부 필요해."라고 판단할 수도 있을 겁니다. 그럴 수 있지요. 다만 양이 많을수록 그 양에 비례해서 수납공간이 필요해지며, 그만큼 관리하는 수고가 든다는 걸 마음에 새겨 두었으면 합니다. 그런 점도 의식하면서 작업을 진행하세요. 그리고 부디 '버려야 해.'라는 침울한 마음으로 물건을 고르지 않기를 바랍니다. '고르기' 작업에서 중요한 것은 버릴 물건을 고르는 게 아니라, '필요한 물건'을 고르는 것입니다. 우리에게 정말 필요한 건 쓸모없는 것을 버리는 힘이 아니라, 인생에서 꼭 필요한 것을 선택하는 힘일 테니까요.

자, 지금까지 ① 좋아하는 물건, ② 생활에 필요한 물건을 기준으로 나누었습니다. 이제 문제는 ①과 ②에 속하지 않는 물건을 어떻게 할까 하는 겁니다. 이는 ③ 포기할 수 있는 물건, ④ 망설여지는 물건을 기준으로 나누어 갑시다.

③ 포기할 수 있는 물건을 다 선별했다면, 친구에게 줄 물건이나 기부할 물건을 구분해서 이름표를 붙인 상자에 담아 곧바로 현관에 내놓습니다. 원래 수납했던 곳에는 결코 다시 넣으면 안 됩니다. 집에서 나갈 물건을 위해 공간을 낭비하는 꼴이니까요. 또한 눈에 띄는 곳에 둠으로써 귀찮아도 다음 행동

① 좋아하는 물건

② 생활에 필요한 물건

◎ 나머지

③ 포기할 수 있는 물건

④ 망설여지는 물건

을 하게 만드는 겁니다. 처분해야 할 물건은 곧바로 쓰레기봉투에 담아서 현관 앞에 내놓는 것이 철칙입니다.

마지막으로 시간을 들여 고민했으면 하는 것이 ④ 망설여지는 물건입니다. 좋아하지도 않고 쓰지도 않지만 손에서 놓을 수 없는 물건이 반드시 나오기 마련입니다. 한데 '망설여지는 것'을 그대로 두면 생활하는 데 필요한 공간이 좁아져서 불편해집니다. 그러므로 정리, 즉 자신이 무엇을 얼마만큼 갖고 있는지 파악하는 동안에는, 종류별로 나눌 때 정한 분류를 흩트리지 말고 종이봉투나 상자에 담습니다. 그리고 '망설임 구역'을 한 군데 정해서 거기에 모아 둡니다. 종이봉투나 상자에는 무엇이 들어 있는지 알 수 있도록 매직으로 이름을 꼭 적어 둡시다. 정리를 해 나가는 동안에 망설임 구역에 물건이 차곡차곡 쌓여 갈 겁니다.

지금까지 방 구석구석 수납공간에 있던 망설여지는 것들을 한 군데 모으면, '망설임의 총량'이 눈에 보입니다. '망설임의 총량'은 사람에 따라 옷장 구석에 조그맣게 넣어 둘 정도일 수도 있고, 서랍 하나를 꽉 채우는 양일 수도 있습니다. 방 하나가 망설여지는 것들로 가득 차는 경우도 있고요. 그래도 신경 쓰지 마세요. 지금까지 여기저기 수납공간에 넣어 두어 보이지 않았고 보지 않아도 되었던 물건이 눈앞에 드러나면, 어떻게든 해야겠다는 생각이 드는 법입니다. 그리고 행동으로 옮기게 되지요. 자신이 꺼내 놓은 '망설임의 총량'을 보고 어떤 생각이 드는지 체감하기를 바랍니다.

'이것만 없으면 방이 훨씬 넓어질 텐데.'

'이것 때문에 좁고 갑갑하구나.'

'역시 물건은 물건답게 끝까지 써야지.'

'갖겠다는 사람이 있으면 줘야겠어.'

이런 식으로 망설여지는 것에 대해 어떤 느낌이 드는지, 정

☑ 물건의 마지막을 상상하기

고르기 작업에서는 그 물건이 마지막에 어떻게 될지, 물건의 최후를 상상해 보세요.

연필을 예로 들어 봅시다. 초등학교 1학년이라면 앞으로 6년간 쓸 기회는 충분합니다. 중학교 1학년이라면, 이제 볼펜이나 샤프펜을 쓸 테지요. '연필을 쓸' 일은 거의 없을 겁니다. 여러분은 지금 몇 학년인가요? 고등학교 1학년이라고 해 봅시다. 그런데 방에 연필이 50자루 있다면, 과연 다 쓸 수 있을까요? 반도 못 쓰고 해가 바뀌겠지요.

호들갑이라고 할지 모르지만, 실제로 물건을 쓰지 않고 두면, 내가 세상에 존재하는 시간보다 물건이 존재하는 시간이 훨씬 더 길어집니다. 간단히 말해, 물건이 나보다 오래 사는 것이죠.

물론 연필은 소모품이라서 신경 써서 쓰면 다 쓸 수 있으니, 무리해서 처분할 필요는 없습니다. 다만 남길 것을 고른 뒤에는 다 쓰려고 노력해 주세요. 겨우 연필 가지고 그러느냐고 생각할 수도 있지만, 그 '겨우 연필'이 여러분의 공간을 빼앗고, 마음의 여유까지 빼앗는다면 어떨까요?

반대로, 없어도 괜찮다는 선택을 했다면 물건이 물건으로서 제 가치를 발휘할 장소로 보내는 것도 방법입니다. 그렇게 하면 쓸데없이 공간을 할애하거나 신경을 쓰거나 각오를 다질 필요가 없어집니다.

어느 쪽을 고르든 상관없습니다. 여러분이 가장 적합하다고 생각하는 선택을 하는 게 중요합니다. 진짜로 아까운 일은, 물건을 물건으로서 쓰지 않고 그냥 넣어 두는 것입니다.

면으로 마주하세요. 망설여지는 것이 눈에 보이는 형태로 나타나기만 해도, 어떻게 할지, 어떻게 하고 싶은지, 언젠가는 자기 나름대로 해답을 찾을 수 있습니다. 그러니 스스로 납득할 만한 답을 찾을 때까지 갖고 있기 바랍니다. 아마도 답은 세 가지 정도로 좁혀질 겁니다.

① 생활 구역으로 돌려보낸다.

생활하다가 '역시 필요해!'라는 생각이 들면, 망설임 구역에서 생활 구역으로 되돌리는 겁니다. 이때 '어디다 뒀더라?' 하고 찾는 일이 없도록, 분류를 흐트리지 않는 것과 이름을 써 두는 것이 중요합니다.

고르기 작업을 했다고 해서 좋아하는 물건, 필요한 물건, 처분해도 되는 물건을 한 번에 확실하게 구분할 수는 없습니다. 그래서 '선택하는 힘'을 기르는 게 중요하지요.

② 처분한다.

공간을 여유롭게 쓸 수 있고, 갈팡질팡 고민하지 않아도 된다는 생각에 서둘러 처분하고 싶어질지도 모릅니다. 하지만 잘 판단해서 버리거나 필요한 사람 혹은 장소를 찾아 처분할 수 있는 사람이 있는가 하면, 일주일은 지나야 판단이 서는 사람도 있고, 2년 넘게 그대로 두는 사람도 있습니다. 그렇다 해도 스스로 정할 수 있을 때까지는 처분하지 말라는 이야기입니다.

이렇게 얘기해도 "선생님이 처분하라고 하면 처분할 수 있을 거 같은데요."라는 말을 들을 때가 있습니다. 저는 몇 가지 선택지를 준비해서 조언할 수는 있지만, 대신 결정할 수는 없습니다. 물론 누군가가 대신 결단을 내려 주는 게 편할 때가 있습니다. 그렇게 하면 물건을 처분하는 데 죄책감이 적어지기 때문인지도 모르지요. 나와 물건의 관계를 정면으로 마주하지 않아도 될 테고요. 나중에 후회가 들더라도 스스로를 책망하지 않아도 될 겁니다. 그런데 남이 정한 규칙이나 남이 정한 기준만 좇아서는 시간이 아무리 지나도 '선택하는 힘'을 기를 수 없습니다. 그러니 무리해서 처분하지 않도록 합시다.

③ 망설임 구역을 만든다.

끝까지 생활에 되돌리지도 못하고 처분하지도 못한 물건은 '망설임 구역'을 만들어 그곳에 수납하세요. 결정을 못 하는 나도 나라는 걸 인정합시다. 다만 전처럼 그것들을 방 여기저기에 흩어 놓지 말고, '이건 좋아하지도 않고 쓰지도 않지만 처분하기도 망설여지는 것'이라는 사실을 이해합시다.

망설이는 기간 동안 자신이 고른 물건만 가지고 생활해 보는 것도 방법입니다. 이 체험을 통해서 스스로 판단하고 선택하는 데 자신감이 생깁니다. 또한 이 과정을 통해 망설여지는 물건을 어떻게 할지 더욱 잘 결정할 수 있게 되지요.

4단계. 수납

3단계에서 고른 ① 좋아하는 물건, ② 생활에 필요한 물건을 각각 수납해 봅시다.

다만 임시 수납입니다. '임시 수납은 뭐지? 왜 임시지?'라고 생각할지도 모르겠군요. 우선 그 이유를 설명할까요?

이제 남은 건 '수납'뿐이라며, 아무 수납용품이나 대충 사거나, 정리하기 전부터 수납용품을 준비해서 '이 서랍에는 문구', '이 서랍에는 게임' 하는 식으로 미리 정해 놓고 수납을 하면 '그건 거기에 넣어야만 한다.'라는 강박관념이 생깁니다. 그 장소가 정말로 수납에 적당한지 아닌지를 깨달을 기회를 놓치고 말지요.

당분간은 분류를 흩트리지 않고 임시 수납을 한 상태로 생활해 보면서 수납 형편과 상태를 지켜봅니다. 그리고 그 공간이 여러분에게 쾌적한지 아닌지 시험해 보기 바랍니다.

꼭 필요한 것만 골라서 생활하는데도 공간이 어질러진다면, 이유는 둘 중 하나입니다. 수납 장소가 나쁘거나 수납용품이 나쁜 것이죠. 이유를 확실히 알게 되면 수납용품이나 수납 장소를 바꾸면 그만입니다. 여러분이 잘못한 게 아닙니다.

또한 곧바로 수납용품을 사서 제대로 정리해 버리면, 기껏 샀는데 아까우니 불편해도 그대로 두자 하는 불행한 사태에 빠집니다. 바구니나 칸막이 같은 수납용품은 내가 가진 물건과 동선을 파악하지 않은 채 무턱대고 사 버리면 쓰지 않는 물건만 더 늘리는 꼴이 될 수 있습니다.

그러면 실제로 나누고 고른 물건을 책상 위나 서랍 같은 곳

에 임시 수납해 봅시다.

우선 생각을 해야 합니다. 여러분에게 책상은 무엇을 하는 곳인가요? 무엇보다 공부하는 곳이라면 그 역할을 우선해서 물건 배치를 생각해 봅시다. 공부하는 데 필요한 도구는 무엇일까요? 교과서, 공책, 참고서, 문제집, 필기도구. 이렇게 꼭 필요한 것들을 손이 잘 닿고 꺼내기 쉽고 집어넣기 편리한 장소에 수납합니다.

여기서도 상상력이 필요합니다. 교과서 종류는 책상 위에 세워 두어야 쓰기 편한지, 책상 옆에 있는 책꽂이에 꽂아 두는 게 편리한지, 책상 서랍에 넣어 두는 게 편리한지 충분히 생각해서 결정하세요. 다음으로 필기도구입니다. 자주 쓰는 것만 골라서 연필꽂이에 꽂아 책상 위에 두는 방법도 있습니다. 필기도구를 전부 책상 위에 두면 편리할 것 같지만, 가득 찬 연필꽂이에서 당장 쓰고 싶은 것을 찾는 것도 번거로운 일입니다. 필요한 것만 들어 있으면, 금방 꺼내어 쓸 수 있습니다. 사소한 일이지만, 이 사소한 일이 여러분을 편하게 해 줄 것입니다. 연필꽂이에 꽂아 둘 만큼 자주 쓰지 않는 필기도구는 다른 문구와 함께 책상 서랍에 넣어 둡시다. 어쩌면 필기도구는 학교에서 쓰는 필통만 있으면 충분하다는 사람이 있을지도 모르겠군요. 그건 그것대로 괜찮은 방법입니다. 만약 교실용, 기숙사용 등으로 나누어 쓰는 필통과 충분한 필기도구가 있다면, 꼭 나누어서 쓰세요. 그렇게 하면 쌓아 둔 물건을 다 쓸 수 있고, 가

방을 챙길 때 필통을 깜빡할 일도 없습니다.

이렇게 물건 하나하나를 어떻게 하면 다 사용할 수 있을지, 그리고 나는 평소에 어떻게 행동하는지 깊이 생각하고 상상하여 수납 장소를 결정합시다.

정리에는 중요한 숫자가 하나 있습니다. 바로 '3'입니다.

물건을 수납할 때는 선반 하나에 한 가지, 서랍 하나에 한 가지를 수납하는 것이 가장 바람직하지만, 수납공간은 한정되어 있기 때문에 모든 수납에 이 원칙을 적용할 수는 없습니다. 그럴 때 수납공간 하나에 세 종류까지는 물건을 함께 넣어도 괜찮습니다. 예를 들어 서랍 하나에 붓과 물감과 스케치북을 함께 넣는 식입니다. 칸막이 하나에 세 가지까지라고 생각해도 됩니다. 가능한 한 용도나 종류가 같은 물건끼리 수납하면 좋겠지요. 아니면 내 동선을 돌아보고 동시에 쓰는 물건끼리 넣어 둡시다. 스케치북과 물감이 다른 장소에 있다면, 미술 준비물을 챙길 때 저쪽 선반에서 스케치북을 꺼내고 이쪽 서랍에서 물감을 꺼내야 합니다. 이런 움직임은 아주 쓸데없는 것이지요. 한편, 한 공간에 물건을 세 종류 넘게 수납하면 기억하기가 어려워지고, 끝내는 물건이 섞여서 다시 어질러집니다.

정리에는 '3'이라는 숫자가 또 하나 있습니다. 같은 물건을 세 군데 이상 나누어서 보관하지 않는 것입니다. 예를 들어 한 사람 옷을 서랍, 옷장, 거실 옷걸이, 욕실 선반 등 세 군데 이상 나누어 보관하면, 동선이 복잡해져서 효율적으로 생활할 수 없습니다. 가능하다면 한 군데, 공간이 좁다면 두 군데, 어쩔 수 없는 이유가 있을 때만 세 군데까지 보관하세요. '3'은 정리에서 아주 중요한 숫자라는 걸 꼭 기억해 두세요.

임시 수납을 할 때 중요한 것은 '분류를 흩트리지 않는 것'과 '동선을 생각해서 편리한 장소에 보관하는 것'입니다.

이때도 상상력을 발휘해야 합니다. 어디에 두면 꺼내고 넣기가 좋을지, 어디에 두어야 안전할지, 좁아서 꺼내기 힘들지는 않을지 등등.

분류한 것을 어지럽히지 않기 위해 수납용품을 쓰긴 하지만, 우선은 집에 있는 물건으로 해결해 봅시다. 빈 과자 상자도 충분할 겁니다. 분류한 걸 유지하면서 수납해 보세요. 수납용품은 물건을 담는 용도도 있지만, 가장 큰 용도는 물건을 '나누는 것'이라고 생각하세요. 여러 가지 물건이 섞이지 않도록 하기 위해 수납용품을 사용하는 겁니다.

한동안 임시 수납한 상태로 생활하면서 더는 어질러지지 않고 쾌적하다는 것을 실감하게 되면, 이제 마음에 드는 수납용품을 고르세요. 이 단계에 이르면 물건과 수납 장소에 잘 맞는 수납용품을 제대로 고를 수 있습니다.

이때가 되어야 비로소 수납용품을 소개한 잡지와 블로그, 책에 나오는 견본이 도움이 됩니다. 수납용품이나 방식은 종류가

☑ 임시 수납으로 시험해 보기

어떤 수납용품을 사용하면 좋고 어떤 수납 방식이 좋은지를 아는 것이 수납 비결이라고 생각하는 사람이 많습니다.

실제로 의뢰인 집에서 가장 많이 처분하는 물건이 무엇일까요? 바로 수납용품과 수납 가구랍니다.

물건이 늘면 그것을 집어넣기 위해 수납용품과 수납 가구를 삽니다. 수납용품, 수납 가구에 공간이 남아 있으면 물건을 또 채워 넣는 것이 사람 심리이지요. 그렇게 해서 물건뿐 아니라 수납용품과 수납 가구가 늘어납니다. 그래서야 주객이 전도되는 격 아닐까요?

한편 물건 100개가 들어가는 공간에 200개를 욱여넣는 것도 합리적이지 않습니다. 오히려 꺼내고 넣기가 어려워 기껏 정리한 물건을 쓰지 않게 될 가능성이 높아집니다. 뜨끔해하는 사람도 있을 겁니다.

끝으로 말하고 싶은 건, '이걸 쓰면 절대로 어질러지지 않아!'라고 하는, 누구에게나 통하는 마법의 수납용품은 없다는 사실입니다. 시간이 걸리더라도 임시 수납을 해 두고, 생활하기에 어떤지 확인하면서 적절한 답을 찾아가야 합니다.

다양하니, 여러분이 좋아하는 것을 골라서 들여놓으세요.

정리하느라 애쓴 보상으로서, 서두르지 말고 느긋하게 수납용품을 즐기기 바랍니다. 아름다움을 추구하는 건 이때부터 시작됩니다.

첫째도 연습, 둘째도 연습, 무조건 연습

정리 연습은 '꺼내기 → 나누기 → 고르기 → 수납'이라는 네 단계로 끝납니다. 하지만 책을 읽었다고 해서 다 알 수 있는 건 아니지요. 실제로 몸을 움직이고 느껴 봐야 비로소 알 수 있는 것도 많지 않을까요?

'시작하며'에서도 썼듯이 정리에는 연습이 필요합니다. 정리를 못하는 이유는 적절한 방법을 배울 기회가 없었고, 연습을 해야 한다는 사실을 몰랐으며 그런 생각조차 해 본 적이 없었기 때문일 뿐입니다.

스포츠나 예술 분야에서도 연습 없이 이룰 수 있는 건 없습니다. 책만 읽어서는 골프 기술을 익힐 수도 없고, 혼다 게이스케〔일본의 축구 선수로, 평발에다 재능이 없다는 악평을 들으면서도 피나는 노력으로 최고의 반열에 올랐다.〕같은 강한 정신력을 손에 넣을 수도 없습니다.

정리도 마찬가지로, 잘하는 게 당연한 일은 아닙니다. 하지만 연습하면 반드시 잘하게 됩니다. 연습을 한 번 하면 한 번만큼의 성과가, 열 번 하면 열 번만큼의 성과가, 백 번 하면 백 번만큼의 성과가 반드시 나옵니다. 도중에 잘되지 않더라도 괜찮습니다. 세계적으로 유명한 야구 선수 스즈키 이치로도 타율 30퍼센트라는 굉장한 결과를 남겼지만, 치지 못한 70퍼센트가 있습니다.

더욱이 정리는 따로 연습장에 가지 않아도 집에서 연습할 수 있습니다. 특별한 도구나 준비도 필요하지 않습니다.

차근차근 반복해서 연습하세요. 특히 '고르기'는 가장 많은 연습이 필요한 단계입니다.

연습에 필요한 네 가지 힘

정리 연습은 언제나, 누구나 시작할 수 있습니다. 하지만 꼭 필요한 것이 있습니다. 바로 시간, 체력, 상상력, 각오입니다.

1. 시간

어릴 때부터 정리를 잘하지 못한 사람이 있습니다. 가족과 떨어져 혼자 살면서 그제야 자신이 정리를 못한다는 걸 깨달은 사람도 있습니다. 결혼해서 고민하기 시작한 사람도 있습니다. 정리를 못한다는 사실에 줄곧 고민해 온 사람이 있습니다.

10년, 20년 동안 고민해 온 일이 일주일 정도로 해결될 리는 없습니다. 고민한 기간이 길수록 고민을 해소하는 데도 시간이 걸립니다.

하지만 정리는 불모의 작업이 아닙니다. 정리 연습에서 첫 목표는 '무엇을 얼마나 갖고 있는지 아는 것'이고, 이것이 가능해지면 불안감은 상당히 줄어듭니다.

"올 한 해는 정리의 해로 정합시다!"

의뢰인에게는 이렇게 시간을 정해 주고 시작합니다. 정리하는 힘이 몸에 붙을 때까지, 또한 정리가 안정될 때까지 빠르면 두 달에서 평균 여섯 달 정도가 걸립니다. 여러 가지 사정이 있어서 3년째에 접어든 사람도 있습니다. 집 한 채를 정리하려면 그만한 시간이 필요하지요.

'시간이 그렇게 많이 든다고?'

놀랐나요? 이 시간이 전부 방을 정리해서 깨끗이 하는 데 드는 것은 아닙니다. 정리하는 힘을 기르기 위한 시간이지요.

정리하는 힘을 똑바로 이해하고 익히면, 도로 아미타불이 되는 일은 거의 없습니다. 앞으로 펼쳐질 인생에서 다시 한 번 무엇을 얼마나 갖고 있는지 확인할 필요가 없어지니까요. 1년 동안 포기하지 않고 해내면, 그다음 몇십 년 동안 여유 시간을 손에 넣을 수 있습니다.

집 전체를 놓고 보면, 여러분 개인이 가진 물건 자체는 얼마 안 될 겁니다. 아무리 많다 해도 온 집 안이 한 사람 물건으로 가득 찰 리는 없을 테지요. 한 달 동안 열심히 해내면, 정리하는 힘이 상당히 붙을 것입니다.

한 번 더 복습해 두자면, 정리된 상태의 답은 슈퍼마켓에 있습니다. 그리고 자기 물건들을 떠올려 보고 무엇을 어디에 수납해 두었는지 모두 3초 내로 대답할 수 있다면 정리를 할 줄 알게 된 것입니다.

정리가 안 된다고 고민하는 사람들은 대부분 살아온 햇수만큼 물건을 잔뜩 갖고 있습니다. 십대 때 정리하는 힘을 익혀 두면, 앞으로의 인생은 정리에 대한 고민 없이 지낼 수 있을 겁니다. 어때요? 매력적이지 않나요?

2. 체력

정리는 육체노동입니다. 정말로 힘든 작업이지요. 더구나 '고르기' 단계에서는 뇌까지 최대한 사용합니다. 아주 피곤한 일이랍니다.

그러니 반드시 몸 상태가 좋을 때 시작하세요. 몸을 움직이기 싫은 날에 무리해서 시작했다가 어중간하게 끝내 버리면 실패했다는 좌절감만 맛보게 됩니다. 실패는 나쁜 게 아니지만, 모든 일에는 때가 있답니다. 기회를 놓치고 실패를 반복하다 보면 '난 정리를 못해.'라며 아예 의욕을 잃고 말지요. 그러니 심신이 건강할 때 시작하세요.

다만 조금씩 손에 익으면 '오늘 아침엔 별로 개운치가 않아.'라는 생각이 들 때도 "에잇!" 하면서 정리를 시작할 수 있습니다. 깨끗해진 모습을 보면 성취감이 들어서 아침에 느낀 우울 따위는 거짓말처럼 날아가 버리지요.

그것이 정리가 갖는 힘, 아름다움의 힘입니다.

3. 상상력

수납 작업에 상상력을 빼놓을 수 없지요. 이것은 가족을 위한 상상력이기도 합니다. 예를 들어 젖먹이 아이가 기어 다니기 시작하면 날붙이처럼 위험한 물건은 모두 손이 닿지 않는 곳에 치워 둡니다. 아이가 안전하게 생활하려면 방 안을 어떻게 해야 할지, 부모가 상상하고 정리하는 것입니다.

'여기 두면 편리할까?' '여기 두면 쓰기 쉬울까?' 이런 생각은 정리하는 데 있어 굉장히 중요합니다. 자신의 생활 동선을 파악하고 상상해 물건을 수납하는 것이지요.

다만 가족이나 다른 누군가와 함께 생활할 경우에는 자신만이 아니라 함께 사는 사람도 배려해서 정리하고 수납해야 합니다. 중요한 일이니 잊지 마세요.

앞서 예를 들었듯이 아기와 함께 생활하면 '여기 두는 게 안전할까?' '여기는 손이 닿지 않으니까 안심이야.'라며 아기 입장에서 생각하고, 아기의 움직임을 기준으로 '위험 요소'를 상상해서 정리해 갑니다.

어린아이가 있으면 욕실 수건은 낮은 곳에 걸어 둡니다. 나이 많은 할아버지 할머니가 있는 집이면 발치에 걸려 넘어질 만한 걸 두지 않습니다. 어른이고 아이고 바쁜 이 시대, 가족 누구나 집안일을 할 수 있도록 가사와 관련한 물품을 꺼내기 쉽고 쓰기 쉬운 곳에 둡니다.

수납 그리고 정리 정돈은 어떻게 하면 함께 기분 좋게 살 수 있을지 상상하고 행동하는 일이라는 걸 알 수 있을 겁니다. 그 바탕에는 상대에 대한 상냥함과 배려가 깔려 있습니다. 이런 마음가짐으로 상상력을 발휘해 공들여 정리해 가면 분명히 멋진 집이 될 것입니다.

정리를 하고 싶게 만드는 특효약은 친구나 좋아하는 사람을 집으로 초대하는 것입니다. 그럴 때 부디 아낌없이 상상력을 발휘하세요. 머지않은 장래에 여러분 자신이 가정을 이루었을 때도, 정리할 때 상상력을 발휘하세요. 여러분 자신은 물론이고, 곁에 있는 누군가를 위해서도!

4. 각오

"1년 동안 쓰지 않은 건 처분합시다!"
많은 이들이 주장하는 정리 규칙 중 하나입니다. 물건을 전부 꺼내어 '고르는' 작업에 들어갔을 때, 다음 단계로 가지 못하는 사람들이 있습니다. 방금 말한 이 규칙을 떠올리고 해결해 나가는 사람도 있습니다. 누군가가 정한 규칙이 마침 나에게도 맞는다면 다행이지요. 남이 정한 규칙을 따라가는 게 사실은 수월하니까요. 하지만 그 규칙이 나에게 맞는지 고민도 하지 않고 무턱대고 따른다면, 그다음 작업에서 갈팡질팡하게 됩니다. 만약 다섯 달 동안 쓰지 않은 물건이 있다면 어떻게 해야 할까요? 앞으로 일곱 달을 기다릴 건가요? 3년이나 쓰지 않았지만, 여태 남겨 뒀던 걸 이제 와서 처분하기는 좀 아깝다는 생각이 들면 어떻게 하지요? 그렇게 해서 작업이 정체되면 변명을 하게 됩니다.

"내가 정한 게 아닌걸."

"내가 고른 방법도 아니고."

편하다고 해서 남이 정한 규칙만 따라가다 보면, 시간이 아무리 흘러도 나에게 맞고 내가 만족할 수 있는 정리 방법을 찾을 수 없습니다.

당장 답이 보이지 않는다면 그 상태를 그대로 받아들이고, 나만의 규칙이나 기준이 설 때까지 기다리는 겁니다. 가족들의 잔소리에 마음이 조급해질지도 모르겠지만, 스스로 납득할 만한 규칙이 완성될 때까지 기다리기 바랍니다. 그렇게 하지 않으면, 언제까지나 같은 작업을 반복하면서도 내 인생에 필요한 물건이 무엇인지를 끝내 알 수 없게 됩니다.

누구나 빠른 답을 원할 테지요. 지금까지 만나 온 의뢰인 중에서도 서둘러 결과를 내고 싶은 나머지 제가 결정해 주기를 바라는 사람이 있었답니다. 그런데 제가 결정해서 고르면 저에게 편한 집, 저에게 맞는 방이 완성될 뿐입니다. 저만큼 키가 커서 높은 선반을 사용하는 데 문제가 없다면, 저처럼 수납하는 것도 괜찮을지 모릅니다. 저희 집처럼 아이가 셋 있고 집 구조도 비슷하다면, 저희 집에서 쓰는 것과 비슷한 가구나 수납용품을 사서 저희 집 규칙을 적용해 수납할 수도 있겠지요.

그런데 그런 집이 여러분에게도 정말 쾌적할까요? 필요한 물건을 제때 꺼내 쓰기에 편할까요? 즐거운 우리 집이 될 수 있을까요? 마음 편히 지낼 수 있는 집이 될까요?

답은 여러분 마음속에만 있습니다. 여러분이 쓰기 편한 물건, 쓰기 편한 수납, 쓰기 편한 가구나 수납용품, 쓰기 편한 장소가 아니라면, 아무리 깨끗하게 정리해도 의미가 없습니다.

자기 힘으로 규칙을 만들게 되면 인생을 스스로 열어 갈 수 있게 됩니다. 그 기쁨과 즐거움을 제가 빼앗아서는 안 되지요.

'고작해야 정리'라는 생각은 하지 마세요. 정리를 통해서 그 힘을 익혀 나갈 수 있습니다.

그러니 스스로 선택하고, 남에게 맡기지 않겠다는 각오로 임해 주세요. 자기 인생을 남에게 맡겨서는 안 됩니다.

지금 당장 필요한 실생활 정리법 Q&A

이 장은 정리에 관한 여러분의 질문에 대답하는 형식으로 진행하겠습니다.

'정리 문제를 곧장 해결할 수 있는 답이 필요해!'

이 책을 읽는 여러분도 그런 생각으로 책장을 넘기고 있겠지요.

제가 생각하는 정리 전문가는 아직 보이지 않는 미래의 훌륭한 가능성을 발견하고

그 가능성을 향한 선택지를 몇 개나 준비할 수 있는 사람입니다.

그러니 이제부터 나오는 질문에 대한 대답도 가능성을 향한 선택지 중 하나라고

생각해 주세요. 이것은 누구에게나 맞는 절대적인 답이 결코 아닙니다.

여러 가지 선택지 중에서 스스로 고르고 결정하면 됩니다.

사실 이게 가장 어렵고 힘든 일인 것 같습니다.

남이 만든 규칙을 그대로 따르는 게 훨씬 편하지요.

하지만 나와 같은 인생길을 걷는 사람은 없습니다.

그리고 인생은 하루하루가 새로운 선택입니다. 좋은 인생은 좋은 선택에 달려 있습니다.

내 인생은 물론 주변 사람들의 인생도 그렇습니다.

여러분이 하나라도 좋은 선택을 할 수 있기를 바라는 마음으로 대답하겠습니다.

Q1. 문구 정리를 도와주세요!

문구가 어질러져 있어서 필요할 때 금방 찾아 쓸 수 없습니다.
책상 속에 뭐가 들었는지 알 수 없을 정도로 엉망입니다.

A. 문구는 비교적 정리하기 쉬운 물건입니다. 어디에 쓰는지 분명하니까요. 지금까지 여러 번 예로 든 것도 그런 특성 때문입니다.

전부 꺼내서 나누고 고르고 쓰기 쉬운 장소에 수납하기만 해도 상당히 정리될 것입니다.

필요 없는 물건을 그냥 버리기만 하면 얼마 뒤 원래대로 어질러지는 경우가 많으니 주의하세요.

지금까지 이야기한 정리 단계를 떠올리며, 물건 하나하나를 마지막에는 어떻게 처리할지 생각하고 고르다 보면 물건에 애착도 생깁니다. 처리할 방법을 떠올려 보면 물건의 마지막 모습이 머리에 강하게 남지만, 버리는 데만 초점을 맞춰 정리하면 남은 물건에 마음이 가지 않습니다. 그러니 원래대로 돌아갈 가능성이 크지요.

정리의 목적은 남은 물건으로 생활하는 게 아니라 자기 기준에 따라 고른 물건으로 생활하는 것입니다. 비슷해 보이지만 전혀 다릅니다. 버리고 남는 게 아니라 내가 선택한 물건으로 산다, 그런 마음으로 정리를 해 보세요.

물건은 여러분이 작업을 훌륭하게 해낼 수 있도록 돕는 존재입니다. 그렇게 생각하면 나에게 필요한 문구가 뭔지 자연스럽게 고를 수 있습니다. 볼펜 하나만 봐도 젤 잉크가 좋은 사람, 수성 잉크가 좋은 사람, 유성 잉크가 좋은 사람, 제각각입니다. '내 학습 능률을 올려 줄 볼펜은?' 하고 자기 나름대로 기준을 정해 진지하게 생각하면 물건을 살 때부터 마음가짐이 달라집니다.

간혹 특이하고 귀여운 문구류를 모으는 게 취미인 사람이 있습니다. 사용할 게 아니라면 책상에 두지 말고, 다른 장소에 수집 공간을 따로 만들어 봅시다. 귀여운 상자를 준비하거나 선반에 진열하면, 수집 욕망도 채워질 것입니다.

책상은 공부를 하거나 무언가를 만드는 곳이라고 생각하면, 정리가 더 수월해질 겁니다.

곤란한 건 자기가 사지 않은 물건입니다. 경품으로 받았는데 쓰지 않는 문구라면 필요한 사람이 필요한 곳에서 쓸 수 있게 합시다. 쓰지 않는 물건에 내주는 공간도, '이건 새것이지만 쓰지 않는데, 어쩌지?'라고 고민하는 시간도 실은 아깝습니다. '상으로 받았는데 쓰지 않는' 문구가 있다면 추억 상자에 보관하는 것도 방법입니다.

Q2. 서류 정리를 도와주세요!

학교에서 나눠 주는 인쇄물은 어떻게 정리해야 하나요?

A. "서류는 쌓아 두지 않는다."
어떤 서류든 이것이 철칙입니다.
책상에 겹겹이 쌓인 인쇄물은 잘만 쌓으면 천장까지 닿게 보관할 수 있겠지만, 필요할 때 필요한 것만 쏙 꺼낼 수 없지요.

　서류는 수평으로 쌓지 말고 세워서 수납해야 필요할 때 찾기 쉽습니다. 세워서 수납하려면 파일 박스, 바인더, 클리어파일을 쓰게 됩니다. 바인더를 쓸 때는 분류해야 할 수만큼 준비합니다. 학교용으로 하나, 학습용으로 하나 하는 식이지요. 바인더는 클립 부분의 폭 이상은 끼울 수 없어서 인쇄물을 무작정 모아 두는 일도 없어질 것입니다. 클리어파일은 단단한 것을 권합니다. 얇은 클리어파일은 잘 서지 않기 때문에 세워서 수납하는 데는 적당하지 않습니다.

　이렇게 수납하면 책상이나 책꽂이 선반 폭 이상으로는 인쇄물을 모아 둘 수 없습니다. 학교에서 나눠 주는 인쇄물은 기한이 분명합니다. 운동회 안내문은 운동회가 끝나면 쓸 일이 없습니다. 시험 범위가 나온 인쇄물은 시험 기간이 지나면 끝입니다. 기한이 확실한 만큼 끝이 오면 바로 처분합시다.

만약 멋진 추억으로서 특별히 남겨 두고 싶은 게 있다면, 서류로 취급하지 말고 추억 어린 물건으로서 정해진 장소에 보관합시다.

Q3. 버릴 수 없어요!

꽂을 데 없는 만화책과 소설책을 버려야만 할까요?

A. 우선 '정리=버린다'라는 생각을 버리세요. 버리는 일이 전제가 되면 버릴 수 없다는 사실 때문에 고민하게 됩니다. 그러다가 궁극적으로 '버리는 게 싫어서 고민이 된다면, 사지 않으면 된다.'라는 식으로 결론을 내고 맙니다.

지금 여러분의 생활 속에서 만화책이나 소설책은 얼마나 중요하지요? 만약 너무나 소중하고 가장 중요한 요소라면, 자신의 공간에 충분한 수납 장소를 마련합시다. 앞으로 더 늘어나도 문제없도록 어느 정도 여유를 두어야 합니다.

그런데 실제로는 "그렇게 넓은 공간은 마련할 수 없어요."라고 하는 사람이 대부분일 겁니다. 이때 중요한 것은 공간의 크기가 아니라 마음속 우선순위입니다. 만약 만화나 책이 생활에서, 인생에서 무엇보다 중요하다면, 그것을 우선해서 방을 꾸밉시다. 방에 그런 공간이 생기면 하루하루가 무척 즐거울 것입니다.

"돈도 없고, 방도 좁고, 무리예요."

"부모님이 허락하질 않아요."

이렇게 할 수 없는 이유를 찾기 전에 어떻게 하면 일부라도 실현할 수 있을지를 생각해 봅시다. 안 쓰게 된 장난감을 정리하거나, 입지 않게 된 옷을 서랍에서 꺼내 처분하거나…… 방법은 있습니다.

여러분에게 가장 중요한 것이 무엇인지를 정했으면, 그보다 덜 중요한 것들을 정리해 봅시다.

Q4. 추억을 지켜 주세요!

추억 어린 작품을 어떻게 하면 좋을까요?

A. 학교에서 만든 작품이나 상장 같은 걸 보관해 두고 싶을 때는, 집 안에 전시 공간을 만듭시다. 어떤 것이든 그렇겠지만, 공간이 무한하다면 전부 장식해 두고 싶을 수도 있습니다. 하지만 그렇게 하지는 않습니다.

입체 작품이면 선반 위 공간에 전시하고, 글씨나 그림 같은 평면 작품은 한쪽 벽면을 정해 거는 식입니다. 그 공간이 가득 차면 새로운 작품을 위해 공간을 늘릴 것이 아니라, 이제 그만 장식해도 되겠다 싶은 것을 사진으로 찍고 처분합니다. 아니면 추억 상자를 만들어서 그리로 옮깁니다. 이때 주의해야 할 점은, 추억 상자 크기를 미리 정해 두는 것입니다.

의뢰인 중에, 두 살 때부터 고등학교를 졸업할 때까지 만든 작품을 전부 모아 둔 사람이 있었습니다. 여기저기 흩어져 있던 것을 한곳에 모았더니 벽장 하나가 가득 찰 정도였습니다. 그만한 공간을 확보할 수 있는 집이라면 전부 모아 두어도 상관없습니다. 사용하는 물건이 아니라 추억 어린 물건으로 분류해서 말이죠.

추억 어린 물건은 기본적으로 줄곧 그 자리에 머물러 있습니다. 스스로 줄이지 않는 한 줄어들지 않습니다. 이런 물건들은 대개, 본인보다는 부모님이 보관하고 싶어 하는 경우가 많습니다. 이럴 때 저는 아버지나 어머니에게 처분 방법을 생각하게 합니다.

"본인이 즐거워서 보관해 두는 건가요?"

"자녀가 독립할 때 넘겨주실 건가요?"

"언젠가 자녀가 결혼해서 손자가 생기면 꺼내서 보여 주고 싶으세요?"

이에 따라 수납 장소와 방법이 달라집니다.

만약 여러분이 결혼할 때, 부모님께서 열 개가 넘는 추억 상자를 넘겨주신다면 기쁠까요? 기쁠 거라고 생각되면 잘 보관하고, 아니라면 숫자를 줄입시다.

여러분 자신이 필요로 하는 물건, 해냈다는 뿌듯함을 느끼게 하는 물건, 보면 힘이 나는 물건이라면 소중하게 전시 공간에 장식하든지 추억 상자에 넣어 두세요.

쓰지 않으니 버린다는, 난폭한 판단은 절대로 하지 마세요.

Q5. 옷이 바닥에 쌓여 있어요!

서랍에 더 넣을 공간이 없는데, 어떻게 해야 할까요?

A. 저는 옷 가게처럼 '봉 옷걸이를 이용한 수납'을 추천합니다. 걸어서 수납하면 옷을 얼마나 가지고 있는지 한눈에 알 수 있기 때문입니다. 그리고 사용하다 보면 입지 않는 옷이 무엇인지 보입니다. 입지 않는 옷은 한쪽 구석으로 밀어 두게 되니까요. 갖고 있는 옷을 돌아볼 기회가 생기지요.

'기껏 샀는데 왜 입지 않았을까?'

'이제 마음속에서 한물갔다고 느끼는 걸까?'

'유행에 뒤처졌나?'

'해어져서 입을 수 없는 건가?'

'옷이 작아졌나?'

가지고 있는 옷들이 한눈에 들어오면, 어떤 옷을 주로 입고 어떤 옷을 왜 입지 않는지 고민해 볼 수 있습니다. 또한 걸어 두면 옷에 주름이 지는 걸 방지할 수도 있지요.

걸지 못하는 옷이나 속옷은 서랍에 넣습니다. 서랍은 편리해 보이지만 여닫기가 번거롭고, 넣으려고만 하면 얼마든지 마구 쑤셔 넣을 수 있어서 안쪽에 어떤 옷이 들어 있는지도 잊어버리게 되지요. 깔끔하게 개서 집어넣으면 얼핏 깨끗하고 파악하기 쉬워 보이지만, 꺼낼 때 옆에 있던 옷이 흐트러지는 경우가 많습니다.

서랍에 다 들어가지 않는 옷이 있다는 건, 다 입지 못할 만큼 많은 옷을 갖고 있다는 뜻이 아닐까요? 정말로 필요한 옷을 구분해 내기 위해서라도, 봉에 걸어서 수납해 보세요.

Q6. 어디에 둬야 할까요?

책가방과 학원 가방을 놔둘 자리가 없어요.

A. 날마다 쓰는 물건일수록 구석으로 몰아내면 둘 곳이 없어집니다. 편리하게 생활하려면 날마다 쓰는 물건을 위해 특등석을 양보해야 합니다. 방 입구처럼 들고 나가기 편한 곳, 준비하기 편리한 곳에 두는 것이지요.

매일 쓰지 않는 학원 가방 같은 것은 따로 공간을 마련해 정리합시다.

Q7. 내 방은 아니지만……

동아리 방과 훈련 도구를 넣어 두는 공간이 엉망진창이에요.

A. 자, 여러분이 정리의 신이 되어 나설 차례입니다. 학교 수업에서는 정리를 배우고 연습하는 과목이 없습니다. 손걸레 만드는 법이나 달걀 삶는 법은 가정 시간에 배우기도 하지만, 정리하는 방법은 따로 가르쳐 주지 않지요. 그러니 선배든 후배든 동급생이든, 어쩌면 선생님조차도 정리 방법을 모를 수 있습니다. 동아리 방이 지저분해지는 것도 당연하지요.

이 책을 다 읽고 나서 방 정리 연습을 끝낼 즈음에는, 여러분이 정리 선생님이 되어 친구들에게 가르쳐 줄 수 있을 겁니다.

정리 순서는 좁은 방이든, 넓은 방이든, 회사든, 어디든 똑같습니다. 몽땅 꺼내어, 나누고, 고르고, 종류별로 수납하지요. 동아리 방이면 학년별, 도구별 등 집에서는 하지 않는 여러 가지 분류를 생각할 수 있습니다. 가장 좋은 분류 방법을 다 함께 생각하다 보면 협동심도 높아집니다.

도구를 깔끔하게 정리하는 일은 도구를 소중하게 여기는 일이기도 합니다. 어떤 경기에서나 일류 소리를 듣는 팀과 선수는 도구를 소중하게 다룹니다. 야구 선수 이치로는 시합이 끝난 뒤 스파이크 슈즈와 글러브를 시간 들여 정성껏 손질하는 것으로 유명합니다.

　정리 제안이나 수납용품 구비 등 학교 차원에서 해결해야 할 문제들도 많겠지만, 할 수 있는 범위 안에서 조금씩 도전해 보세요. 그 경험은 결코 헛되지 않을 것이며, 여러분에게 힘이 될 것입니다. 사회에 나가서도 필요한 힘 말입니다.

3교시

'정리'가 뭐지?

버리는 힘이 아니라 고르는 힘

제가 제안하는 '정리 연습'은 물건을 고르는 힘과 연습을 중시한다는 점에서 다른 수납 기술과는 전혀 다릅니다.

체계적인 정리 연습에서 중점은, 집에 있는 물건을 사용해 정리하는 연습을 반복하고, 그 결과 선택하는 힘을 익히는 데 있습니다. 집 안, 내 방 안, 책상, 가방 속 물건이라면 대부분 어렵지 않게 원래대로 돌려놓을 수 있지요. 자꾸자꾸 연습하고 자꾸자꾸 실패해도 좋은 장소입니다.

그렇게 실패와 연습을 반복하다 보면, '잘 고른 게 맞나?' 하고 고민하는 일이 확연히 줄어들고, 점차 내가 이끌어 낸 답에 만족하게 됩니다. 스스로 고르는 힘이 붙고, 자기 선택에 신뢰가 쌓인다는 걸 분명히 느끼게 될 것입니다. 누군가가 정답인 양 내놓는 말에 휘둘리다가 실패를 반복하는 것이 아니라, 스스로 이끌어 낸 답이 정답이라고 자신할 수 있게 되는 거지요.

지금 우리가 하루에 얻을 수 있는 정보량은 에도 시대[17~19세기] 사람들이 평생에 걸쳐 얻은 정보량에 필적한다고 합니다. 정보량이 많으면 선택지도 많아집니다. 선택지가 많다는 것은 결코 나쁜 일이 아니지만, 너무 많아서 고르기 힘들어하는 사람도 있습니다.

'괜히 잘못 골라서 실패하고 싶지 않아.'

'이왕이면 정답을 골라야지.'

'가장 좋은 선택지를 고르고 싶어.'

이런 생각 때문에 선택하는 데 애먹는 거지요. 나한테 가장 좋은 게 뭔지 모르겠다며 평생 망설이기만 할 수도 있고, 콕 집어서 고르지 못한 일을 줄곧 후회하며 살아가게 될 수도 있습니다.

방이 어질러져 있고, 정리를 해도 금방 다시 어질러진다는 사실이 가장 큰 문제 아닌가요? 바로 물건을 잘 고르지 못하는 게 그 원인입니다. 고르는 연습을 꾸준히 하다 보면, '깨끗하게 정리한 상태가 그대로 유지되는 집'이라는 이상도 자연스레 실현됩니다.

또한 '정리 연습' 단계에 따라서 고르는 연습을 하다 보면, 눈앞에 있는 물건뿐만 아니라 보이지 않는 것, 예를 들어 내 마음과 인생에 관해서도 자신을 갖고 선택할 수 있게 됩니다. '내가 안절부절 불안해하지 않아도 되는 쪽', '마음이 평온해지는 쪽', '모두가 행복해지는 쪽'으로 인생의 선택지를 고를 수 있는 것입니다.

그러니 필요 없는 물건이나 쓰지 않는 물건을 전부 버려야만 한다는 생각은 우선 접어 두고, 오로지 고르는 일에만 힘을 기울이고 시간을 들입시다.

그렇게 자기에게 맞는 '정답'을 찬찬히 찾게 되면, 정리한 것이 다시 어질러지지 않게 될 뿐만 아니라, 하루하루가 충실해집니다.

인생은 선택의 연속입니다. 아침에 일어날 때부터 선택이 시작됩니다.

'5분만 더 잘까?'

'아침을 먹을까 말까?'

'오늘은 몇 시 차를 탈까?'

'콜라를 마실까, 오렌지 주스를 마실까?'

그렇게 일상 속 작은 선택 하나하나가 쌓여 인생을 만들어 갑니다.

따라서 우리에게 필요한 것은 '버리는 힘'이 아니라 '고르는 힘'입니다. 애초에 삶에서 버리는 것이 많은 것은, 고르는 힘이 없기 때문이라고도 할 수 있습니다.

어른이 되어 한 발짝 밖으로, 즉 사회로 나가면, 실패해서는 안 되고 실패하고 싶지 않은 '선택'이 산더미처럼 압박해 옵니다. 진학, 취직, 결혼, 출산, 육아, 노후 준비, 그리고 날마다 접하는 인간관계. 죽을 때까지 선택 작업은 계속됩니다. 저 역시 사회 속에서 길을 헤매면서도 결국 내게 맞는 답을 고를 수 있었던 건, 정리를 통해 내가 무엇을 원하고 내 기준이 무엇인지를 발견했기 때문일 겁니다. 우선은 실패해도 좋은 장소에서 차근차근 연습해 갑시다.

물론 지나고 보면 실패했다는 생각이 들기도 하겠지요. 그렇다고 해서 그 일들이 결코 헛되지는 않습니다. 다만 실패했다고 해도, 그때 이렇게 했으면 좋았을걸 하는 후회는 적을수록 좋겠지요. 내 선택을 믿고 내가 정한 기준대로 사는 인생, 멋지지 않은가요?

'흐름'을 바꾸는 정리

제가 전하는 '정리 연습' 4단계에는 '버리기'라는 순서가 없습니다. 이에 대해서 조금 더 자세히 얘기하지요.

한 줄기 강의 흐름을 떠올려 보세요. 강물은 상류에서 하류로 흘러 언젠가 바다로 나갑니다. 우리 일상생활도 한 줄기 강이라고 생각할 수 있습니다. 우리가 쓰는 물건은 일상이라는 강줄기를 타고 흐르며, 쓰임에 따라 각자 수명을 다한 뒤에 이윽고 집에서 나갑니다. 물건의 순환이지요.

그런데 바다로 흘러가지 못하고 하류에 쌓이는 것이 있습니다. 그게 무엇일까요? 쓰지는 않지만 어쩌다 보니 쌓아 둔 물건, 쓰기 아까워서 보관해 둔 물건, 언젠가 쓸지 모른다며 버리지 못하고 둔 물건들입니다. 어느 하나 제대로 사용하지도 않고, 강어귀에 점점 쌓여만 갑니다. 강어귀에 물건이 지나치게 쌓이면, 일상생활도 제대로 흘러가지 않습니다. 심한 경우, 하류뿐 아니라 중류에까지 물건이 쌓이기도 합니다. 집 안 물건의 반 이상이 쓰이지 않는 상태이지요.

그래서 여러분은 어느 날, 강어귀에 쌓인 물건을 큰맘 먹고 버리기로 했습니다. 필요 없는 물건을 죄다 쓰레기봉투에 넣어

서, 결국 봉투 스무 개 분량을 버렸습니다. 이제 강어귀에는 아무것도 없습니다. 말끔하고 깨끗합니다. 일상이라는 강은 다시 흐르고, 동시에 여러분 기분도 개운해졌습니다. 이것이 버리는 정리, '강어귀를 깨끗하게 하는' 정리입니다. 이 방법으로도 확실히 깨끗해지기는 합니다.

하지만 함정이 있지요. 강의 원류인 물건의 입구, 강의 흐름인 일상생활은 바뀌지 않았습니다. 즉, 앞으로 물건을 어떻게 고르고 어떻게 사용할 것인지 깊이 생각하지 않은 것이지요. 이 때문에 언젠가 다시 강어귀, 즉 일상의 출구에 쓰지 않는 것이 쌓여 갑니다. 몇 년이 지나면 또다시 강어귀에 쌓인 필요 없는 물건을 남김없이 버리고, 강어귀를 깨끗하게 해야 합니다. 버리는 정리를 계속하다 보면 분명 강어귀를 깨끗하게 만드는 기술은 익힐 수 있지만, 그렇게 힘든 일에서 줄곧 벗어나지 못합니다.

물건을 버림으로써 인생에 필요 없는 물건을 골라내는 기술은 익힐 수 있습니다. 하지만 정말로 익혀야 할 것은, 내 인생에 필요한 것을 고르는 힘입니다. 바꿔 말하면, 일상생활과 인생의 '흐름'을 조절하는 힘이지요.

생각할 때도 나누고 고르기

서랍에서 넘쳐 나는 옷을 정리해야 할 때, 의뢰인이 가장 많이 하는 질문은 뭘까요?

"한 번 입어서 빨아야 할 정도는 아닌 옷이랑 잠옷을 어디에 두어야 좋을까요?"입니다. 이 고민은 '한 번 입은 옷을 깨끗하게 빨아 둔 다른 옷과 함께 두고 싶지 않다.'라는 마음에서 나옵니다. 이 문제를 해결하기 위해서는 다음과 같은 네 가지 방법을 생각해 볼 수 있습니다.

① 매번 빨래를 한다.

② 옷장 안이나 방 한쪽 구석에 나누어 넣을 수 있는 수납 바구니를 준비한다.

③ 신경 쓰지 말고 깨끗하게 빤 옷과 함께 서랍에 넣는다.

④ 침대 위, 벽장 안 이불과 함께 둔다.

자 ①부터 ④ 중 하나를 고르세요. 그러면 대부분은 ②를 고릅니다. 하지만 실제로 바구니를 준비해도 크기가 적당하지 않거나 넣기 쉬운 곳에 바구니를 두지 않으면 활용도가 떨어집니다. 또한 가족 중 누군가가 귀찮아서 바구니에 넣지 않고 아무 데나 벗어 두기도 합니다. 그런 경우에는 다음 네 가지 선택지를 생각해 볼 수 있습니다.

① 매번 빨래를 한다.

② 수납 바구니를 큰 걸로 바꾸고 수납 장소를 바꾼다.

③ '여기에 둔다.'라는 규칙을 가족 모두가 따르게 한다.

④ 가족들 것도 눈에 띄는 대로 바구니에 집어넣는다.

이제 ①부터 ④ 중 하나를 고르세요.

그런데 여기까지 와서도 또 다른 문제가 생깁니다. 한 번 입은 옷이 바구니에 가득 차 버리는 겁니다. 그럴 때는 다음처럼 세 가지 선택을 할 수 있습니다.

① 매번 빨래를 한다.

② 수납 바구니를 더 산다.

③ 꾹 참고 깨끗이 빨아 둔 옷과 함께 수납한다.

이렇게 자세히 나누어서 생각하면 무엇이 문제인지, 어떤 선택지가 있는지, 그것을 골랐을 때 어떤 장점과 단점이 있는지 똑똑히 보입니다.

여러분은 이 문제에 대해서 어떤 선택을 하겠어요? 답은 여러분만 알 수 있습니다.

정리 문제는 이렇게 꺼내고 나누고 고르는 과정을 머릿속에서 반복하기만 해도, 스스로 답을 낼 수 있게 됩니다.

나를 이해하고 타인을 배려하는 정리

정리하러 찾아간 의뢰인 집에서, 집 안은 완벽할 만큼 깨끗해졌지만 마음이 찜찜한 채로 일을 끝내는 경우가 있습니다. 정리 작업을 통해서, 의뢰인이 '깨끗함 너머'에 있는 것을 깨닫지 못했을 때입니다.

정리는 자신을 위하는 일인 한편, 함께 사는 가족을 위한 일이기도 합니다. 지금 이 책을 손에 든 청소년 여러분도 그런 사실을 알아주길 바랍니다. 정리는 자기 방만 깨끗해졌다고 끝이 아닙니다. 의뢰인 중에는 처음부터 끝까지 '이렇게 하고 싶어.'라며 자기 기분만 밀어붙이는 사람이 있습니다. 그럴 때는 특히 시간을 더 들여서 '깨끗함 너머'에 있는 것에 대해 설명하는데, 끝끝내 정리 연습을 왜 하는지 다 이해시키지 못한 채 끝납니다. 돈을 들여서 일단 깨끗하게 만들겠다는 목적은 이루었으니 만족하는 겁니다. 어찌 됐든 의뢰인의 선택이기 때문에 제가 좋다 나쁘다를 판단할 수는 없습니다.

다만 '난 이렇게 하고 싶어.' '이렇게 하면 멋진 집이 될 거야.' 하는 상상력을 자기가 원하는 데만 써 버리면, 자기한테만 좋은 집이 되어 버립니다. 즉, 다른 가족은 그 때문에 불편을

겪어야 할 수도 있지요.

극단적인 예를 들어 보면, 자신이 요즘 유행하는 미니멀리즘을 추구한다고 해서 옷장이며 책장, 책상 등 방에 있던 집기들을 몽땅 거실로 내놓는다면 다른 가족들의 생활은 어떻게 될까요?

의뢰인과 함께 정리 연습을 하는 동안, 저는 되도록 많은 가능성을 머릿속에 그려 보고 여러 가지 선택지를 제안합니다. 얼마나 많은 선택지를 제안할 수 있는지가 전문가의 능력이 아닐까 싶습니다.

그럼에도 의뢰인이 자신에게만 좋은 선택을 하겠다면, 그 바람에 맞는 집이 되도록 지혜와 힘을 보탭니다. 타인인 제가 생각하는 집, 제가 사용하기 편한 집, 제 이상에 맞는 집이 되어서야 도리가 없으니까요.

그 결과, 아주 깔끔하게 정리는 되었어도 다른 가족이 불편을 겪거나 불만을 토로하는 경우가 생깁니다. 가족 간에 사소한 문제로 부딪치는 경우도 자연히 늘어 갑니다. 의뢰인 스스로 고르기는 했지만, 의뢰인이 원한 것은 정리된 집에서 가족들이 서로 으르렁대는 것이 아니라 행복하게 지내는 것이었을 테지요. 그런데 자기 뜻만 고집했기 때문에 결과는 원하는 대로 되지 않았습니다.

내가 선택한 것이 가족 모두의 삶에도 영향을 끼친다는 것을 이해했나요?

　이와는 반대로 가족을 너무 존중한 나머지 자기를 전혀 배려하지 못하는 사람도 있습니다. '나를 배려하는 것'은 내가 하고 싶은 것만 앞세우는, '제멋대로'인 것과는 의미가 조금 다릅니다. 다른 사람만 신경 쓰지 말고, 내가 원하는 것은 무엇인지, 내 마음은 어떤지도 솔직하게 들여다보라는 것입니다. 나를 제대로 이해하면, 그 마음으로 주변 사람들까지 배려하게 됩니다. 내가 원하는 걸 이루면서도 가족들 입장과 상황을 생각하면서 집 안을 정리하게 되고, 그 결과 가족 모두가 기분 좋게 지낼 수 있는 집이 됩니다. 사람은 혼자서는 살아갈 수 없습니다. 누군가를 위해서 무언가 하고 싶다고 생각할 때, 그것이 독선이 아닐 때, 사람은 평소보다 강해질 수 있습니다.

　여기서도 알 수 있듯이, 정리는 단순히 깨끗하게 치우는 게 다가 아닙니다. 그 과정에서 생각하고 해결해야 할 문제들이 잔뜩 있습니다.

　우선 자기 기분에 솔직해지고, 나 자신과 똑바로 마주하는 것이 첫 번째 단계입니다. 두 번째는 주변에 있는 누군가의 마음을 알아채는 것이고요. '나를 위해서'부터 시작해, 함께 사는 가족, 더 나아가 함께 즐거운 시간을 보내고 싶은 누군가를 위한 마음으로 생각을 확장합니다. 나를 소중하게 여길 수 있어야 비로소 주위를 둘러볼 수도 있습니다. 그제야 주변 사람이 얼마나 소중한지에 대해 눈뜨게 되는 것이지요. 자기 안에 있는 상냥함과 배려를 눈에 보이는 형태로 만들어 가는 것이 바로 정리입니다.

마지막으로 덧붙이고 싶은 말이 있습니다. 나의 편의만 생각하는 사람은 책임을 쉽게 미루는 경향이 있습니다. 일이 잘 풀리지 않으면 곧잘 무언가 혹은 누군가에게 책임을 떠넘기지요. 수납용품이 나빠서, 집 구조가 나빠서, 가족 중 누군가가 정리를 못해서, 더 나아가 환경이 나빠서, 돈이 없어서, 시간이 없어서 정리가 안 된다며 항상 변명을 준비합니다. 뜨끔한가요?

스스로 선택하는 힘이 붙으면, 만에 하나 실패를 하더라도 후회는 적어집니다. 남을 탓하기 전에 실패를 성장의 밑거름으로 삼고 더 나은 선택을 위해 한 발 나아가게 될 겁니다.

여러분은 어떻게 생각하세요? 나 자신과 가족 모두를 배려한 집에서 생활하고 싶지 않나요?

출구를 보는 상상력

지금까지도 말했듯이, 저는 망설여지는 물건들이 있을 경우에 그 물건이 마지막에 어떻게 될지 출구를 상상해 보라고 권합니다.

실제 정리 연습을 할 때는, 의뢰인 집에서 쓰지 않는 물품을 장애인 지원 시설에 기증하도록 연결해 드립니다. 그 물건을 필요로 하는 사람이 있다는 걸 알게 되면 생각보다 망설임이 쉽게 해결되기 때문입니다. 사용하지 않은 새 물건은 지원 단체와 시설로 보내고, 나머지는 바자회 등에 내놓도록 돕습니다. 때가 조금 탔거나 얼마간 사용했거나 이가 빠진 물건이라도, 쓸 만한 물건이면 시설에서 받아 줍니다. 그런 물건들을 판매 가능한 상태로 만드는 데 일손이 필요하니, 시설 분들에게 일자리를 제공하는 셈이기도 합니다.

그런데 하나 주의할 게 있습니다. 처음에 저는 의뢰인이 직접 시설에 물건을 내놓도록 했는데, 문제가 생겼습니다. 어느날, 시설 분이 미안한 듯이 제게 연락을 해 왔습니다.

"죄송하지만, 가져오시는 물건 대부분을 쓰레기로 버려야 하는 일이 있었어요. 스기타 씨 의뢰인들이 어떤 분들인지는 파악할 수 없지만, 앞으로는 스기타 씨가 한 번 확인하고 나서 가져올 수 있게 해 주시겠어요?"

하기 힘든 말이었을 겁니다. 미안한 건 저였지요. 모두에게 좋은 일이라 생각했는데, 오히려 폐를 끼치고 있었는지도 모릅니다. 실제로 문제가 된 물건을 확인해 보았더니, 상태가 정말 심각했습니다. 청소하지 않은 아기 변기, 부품이 달아나서 더 이상 갖고 놀 수 없는 장난감, 목이 늘어나거나 구멍이 뚫리거나 얼룩이 진 옷가지, 망가진 전기 제품 등이 섞여 있었지요. 누가 보아도 판매는커녕 고치거나 닦아 쓸 수도 없는 물건들이었습니다. 버리기 아까워서 가져다준 것이겠지만, 어떻게 해도 쓸 수 없고 아무도 반기지 않는 물건을 남에게 맡기는 건 상상력과 배려가 결여되었기 때문이라고밖에 볼 수 없습니다. 따끔하게 얘기하자면, 그것은 자기 스스로 어쩌지 못하는 고통을 남에게 떠넘기는 짓입니다. 그런 일이 있고 나서는 제가 직접 물건을 받아서 시설에 갖고 갑니다.

그 밖에도 이런 이야기를 자주 듣습니다. 자기는 쓰지 않지만 버릴 수 없는 물건을 부모님 댁에 두는 사람이 있다고요. '부모님은 쓰실 수도 있어.' '도움이 될지도 몰라.' 하는 생각으로 가져가면, 아마 부모님들은 대개 별말 없이 받아 주실 겁니다. 그런데 부모님 댁에도 이미 쓰지 않는 물건이 잔뜩 쌓여 있다면 어떨까요? 언젠가 부모님이 돌아가시면 남은 사람이 그 물건들을 전부 정리해야 합니다. 예전에 자기가 들고 간 물건이 상자에 담긴 그대로 방 한구석에 쌓여 있는 걸 보게 된다면, 여러분 마음은 어떨까요? 내 집에 둘 수 없다고 판단한 시점에서 출구를 제대로 발견했다면, 그 물건은 훨씬 유용하게 쓰였을지도 모릅니다. 그런데 거기까지 내다보고 선택하지 못했기 때문에, 같은 물건을 두고 또다시 고민해야 하는 지경에 내몰리는 것이죠.

정리를 못한다는 사람 중에는 먼 앞날까지 상상하지 못하는 사람이 많습니다. 그렇지만 정리 연습을 계속함으로써 상상하는 힘을 갈고 닦을 수 있습니다. 그렇게 반복하다 보면 자신과 다른 사람을 소중하게 생각하는 마음, 구체적으로 말하면 상냥함과 배려를 익힐 수 있게 됩니다.

정리 연습은 물건 하나하나와 진지하게 마주하면서 그 물건의 출구를 생각하고, 그것이 내가 만족하고 다른 사람에게도 도움이 되는 길인지를 생각하고, 나에게 필요한 물건을 고르는 장입니다. 정리를 통해 여러분이 주변 사람을 행복하게 만들 수 있다는 사실을, 부디 깨닫기 바랍니다.

정말 '아깝게' 되지 않으려면

정리를 못하는 사람 중에는 뭐든 버리기는 '아까워!'라고 생각하는 이들이 많습니다.

노벨 평화상을 수상한 왕가리 마타이(케냐의 환경운동가) 씨가 일본을 방문했을 때, 일본인들이 자주 쓰는 '모타이나이'(もったいない, 황송하다, 과분하다, 죄스럽다 등 여러 뜻을 가지고 있으며 주로 '아깝다'라는 뜻으로 쓰인다.)라는 말에 감명을 받아 환경 캠페인을 벌인일이 있습니다. 덕분에 이 말이 각광을 받았습니다.

저도 근검절약하는 사고방식은 아주 중요하다고 생각합니다. 하지만 '아깝다'라는 말도 물건이 희귀했던 시대와 지금처럼 물건이 넘쳐 나는 시대에는 그 의미와 쓰임이 다릅니다.

전쟁 시대를 겪은 어른들이 물건을 쌓아 두는 이유는 '물건이 없어질지도 몰라.' '구할 수 없을지도 몰라.'라는 불안이 크기 때문입니다. 모든 것이 귀했던 시대에 당장 필요한 물건도 구하지 못하는 경험을 하면, 당연히 물건을 소중하게 여겨 아껴 쓰고 남김없이 다 써서 쓰레기 자체도 많이 나오지 않았겠지요. 작물의 경우에도 지금처럼 보관 기술이 발달하기 전에는 흉년이 들거나 제철이 지나면 먹을 수 없었기에, 더더욱 감사히 여기며 남기지 않고 다 먹었을 것입니다.

하지만 그 어려운 시대를 경험한 어른이라도 지금은 아깝다며 물건을 쌓아 두기만 할 뿐, 끝까지 쓰지 못하는 경우가 많지 않나요? 이유는 간단합니다. 물건을 쓰는 속도보다 물건이 쌓이는 속도가 빠르기 때문이지요.

평범하게 살다 보면 물건이 집 안에 멋대로 들어오는 시대입니다. 광고 전단이 쌓이고 세탁소 옷걸이가 쌓입니다. 광고가 인쇄된 휴대용 화장지와 냉장고 자석, 온갖 크기의 메모지가 넘치는 시대에는 '아까워!'라는 말의 뜻을 제대로 재정립해야만 합니다.

버리기 아깝다며 서랍에 넣어 둔 물건을 생각해 볼까요? 종업식 때 선생님이 반 친구들에게 향초를 선물로 나눠 주었다고 합시다. 평소에 향초를 피우지도 않고 좋아하는 향도 아니지만, 선생님이 선물해 주신 것이니 갖고 있습니다. 선생님의 마음이 담긴 선물이니 당연히 버릴 수 없지요. 선물한 게 나라고 생각해 보면 어떨까요? 좋아할 거라 생각해서 고른 것인데, 선생님이 부담을 느끼고 있고, 뜯지도 않은 채로 두었다면?

어쩐지 미안한 기분이 들지요. 물건의 출구까지 상상해서 선물하는 건 힘든 일일지도 모르지만, 그만큼 마음도 전해지는 겁니다. 선물은, 보내는 물건 자체보다는 보내는 마음과 받을 때 느끼는 고마움을 교환한 시점에서 이미 절반은 역할을 다한 거니까요.

다시 한 번 그 향초를 물건으로서만 생각해 보세요. 쓰지 않고 서랍에 넣어 둔 향초는 '아깝지 않게' 제 역할을 다 하고 있나요? 제가 보기엔 그저 아까울 뿐입니다. 언제까지고 벽장에 넣어 둔다는 건, 안타깝지만 여러분 생활에 필요 없다는 얘기입니다. 그 필요 없는 물건이 내 생활공간을 점령하고 있는 것입니다. 나와 달리 그 향초를 유용하게 쓸 수 있는 사람이 있을지 모릅니다. 필요한 사람이 필요한 물건을 쓸 수 없는 게 진짜 '아까운' 일이고 그 향초로서도 가엾은 일입니다.

물건이 넘치는 시대에 '아까워!'는 물건이 필요한 곳에서 끝까지 적절하게 사용되지 못하는 상황을 두고 할 말입니다. 아깝다는 말을 면죄부 삼아서, 쓰지 않고 쌓아 두기만 한 물건을 회피하고 있지는 않나요?

그렇기에 더욱 집 안 물건을 전부 꺼내어 나누고, 신경 써서 고르고, 자신이 고른 물건으로 생활해 보기를 바랍니다.

물건이 넘치는 이 시대에, 아무도 그런 요령을 가르쳐 주지 않았으니 못하는 게 당연합니다. 물건이 부족하던 옛날에는 필요하지 않았던 기술입니다. 그래서 전승되지도 않았지요. 정리 기술은 새로운 시대에 등장한 새로운 기술입니다. 그것은 지금 시대를 보다 잘 살아가기 위한 지혜이기도 합니다.

망설임과 대면하는 정리

"정리에 연습이 필요하다고는 한 번도 생각해 본 적이 없어요. 정리를 못하는 건 제가 부족해서라고만 여겼어요. 여전히 자신은 없지만, 한번 해 보자, 하는 마음이 들었어요."

정리 연습을 처음 접하면 누구나 이렇게 말합니다.

정리 연습은 여러분이 평소 생각하는 정리와는 '반대쪽'에서 시작합니다.

수납 책이나 잡지 같은 데서 내 방과 구조가 같은 방, 내가 좋아하는 인테리어와 취향에 맞는 수납 가구를 발견했을 때, 똑같이 해 보고 싶다거나 똑같이 할 수 있을 것 같은 기분이 들지 않나요? 그러고는 실제로 따라해 보곤 하지요. 방 여기저기서 물건을 꺼내어 필요 없는 걸 조금이라도 버리면서 새로 산 수납용품에 집어넣습니다. 하지만 전부 들어가지는 않습니다.

'조금 더 버리면 들어갈 거 같은데 못 버리겠네……'

결국엔 어찌 해야 할지 모른 채, 일단 틈새에 쑤셔 넣습니다. 방 안도, 정리하기 전보다는 훨씬 깨끗해졌으니 오늘은 이만하면 됐다며 뿌듯해하지요. 서랍이 다시 물건으로 넘쳐 나면 남는 수납 장소를 궁리하고 빈틈에 들어갈 만한 수납용품을 짜

맞춥니다. 그렇게 해서 수납공간은 늘어날지 몰라도, 끝내는 무엇이 어디에 들어 있는지 점점 알 수 없게 됩니다.

정리 상담을 하러 오는 의뢰인들은 꼭 이런 말을 합니다.

"지금 있는 수납용품과 가구, 수납공간을 어떻게 써야 할지 모르겠어요."

"수납용품은 어떤 걸 사야 할지 모르겠어요."

"어떻게 해야 버릴 수 있는지 가르쳐 주세요."

제가 당장 대답할 수 있는 건 하나도 없습니다.

우선은 의뢰인이 정리 연습을 통해 스스로 고른 물건만으로 생활하는 경험을 쌓으며 자기 선택에 자신감을 갖게 합니다. 그런 뒤에야 비로소 수납 가구를 쓸 수 있는지 없는지, 새로 살 필요가 있는지 없는지, 그 물건이 필요한 것인지 아닌지를 판단할 수 있게 됩니다. 즉, 무턱대고 수납용품을 사거나 물건을 버리지 않습니다.

정리 연습 없이 내는 답은 벼락치기와 같습니다. 당장은 해결된 듯 보여도, 언제 쓸지 알 수 없는 것들을 끌어안은 채 내내 불안해하며 살아가야 합니다. 아까운 공간을 허비하면서 말입니다.

마지막으로, 망설여지는 것들과 마주해야 합니다.

'나는 얼마나 많은 망설임 속에서 사는 걸까?'

'이 망설임이 나를 괴롭히고 있는 건 아닐까?'

'망설임 때문에 가족에게 부담을 지우고 있는 건 아닐까?'

전부 눈앞에 꺼내 놓음으로써 지금까지 깨닫지 못했던 일, 모른 척 피해 왔던 일이 똑똑하게 보일 겁니다. 그것이 대개는 괴로운 일일지 모릅니다. 하지만 집 구석구석에 넣어 두고 어두운 서랍 깊은 틈에 계속 숨겨 두기보다는, 한번 크게 마음먹고 꺼내어 자신의 망설임과 대면하는 게 좋습니다. 그렇게 하면 지금의 불안감을 줄곧 끌어안고 살지 않아도 됩니다.

상상력과 배려의 힘

상상력은 물건의 용처와 출구를 생각할 때뿐만 아니라, 물건을 배치할 때도 큰 도움이 됩니다.

'여기에 두면 쓰기 편할까?'

'여기에 두면 안전할까?'

물건을 몽땅 꺼내어 자신에게 필요한 것도 잘 골랐습니다. 하지만 '어디에 두어야 좋을지'가 고민스러울 수도 있습니다. 한 걸음 남겨 둔 단계에서 필요한 것도 역시 상상력입니다.

임시 수납 단계에서 저는 의뢰인에게 이렇게 질문하기만 합니다.

"어디에 두면 쓰기 편할까요? 어떤 수납용품, 수납 방법을 쓰는 게 사용하기 쉬울까요?"

몇 번이나 얘기했지만, 저한테 편한 수납이 되어서는 소용없으니까요.

그럼에도 질문에 대답을 못 하는 사람이 있습니다. 어디에 두면 안전할지는 대체로 알고 있지만, 어디에 두면 쓰기 편할지를 모르는 겁니다.

처음에는 공간이 아니라 자기 생활에 맞추어 수납 장소를 생각하세요. 나는 어떻게 움직이는지 동선을 돌아보고 그곳이 내게 편리한 장소인지, 그 물건을 쓰기에 알맞은 공간인지, 걸리적거리는 것은 없을지 등을 상상해 보세요.

이런 생각을 계속하다 보면 가족이 쓰기 편한지, 불만을 갖지는 않을지도 쉽게 상상할 수 있습니다. 자기 집에서 정리 연습을 해 본 사람들은 가족을 생각하는 시간이 늘었다고 입을 모아 말합니다. 덕분에 집안 분위기가 바뀔뿐더러, 타인에 대한 배려와 상냥함으로도 이어집니다. 멋진 일이지요!

나와 가족의 동선에 맞춰 상상한 곳에 수납하고 생활해 보다가 불편하다는 생각이 들면, 다시 장소를 바꾸면 됩니다. 빈틈없이 분류하고 상상해 수납했다면 장소를 바꾸는 일은 전보다 간단합니다. 꿋꿋하게 상상력을 단련해 봅시다. 내 방, 우리 집이니 마음껏 이루어 만족감을 누려 봅시다.

나다움을 찾게 하는 정리

그날 의뢰인은 화장품을 정리하기로 결정했습니다. 화장품을 정말 좋아해서 모아 온 터라 좀처럼 정리할 결심을 하지 못했 지요. 그런데 수납공간이 넘쳐 나자 큰 결심을 하게 된 겁니다.

집에 있는 화장품을 전부 꺼내어 보니, 커다란 식탁이 가득 찼습니다. 여섯 개 회사에서 나온 기초 화장품 세트부터 색조 화장품과 도구까지, 품목도 무척 다양했습니다. 립스틱, 파운 데이션, 아이섀도 하는 식으로 자세하게 분류한 뒤에 좋아하는 화장품, 사용 중인 화장품을 골라 나갔습니다. 고른 것은 전부 C사의 화장품이었습니다.

한동안 화장품을 가만히 바라보던 의뢰인은 눈물을 흘렸습 니다.

"어릴 때부터 남에게 부탁받으면 싫다는 말을 못 하는 성격 이라, 화장품도 누가 좋다고 권하면 거절하지 못하고 사 버렸 어요. 하지만 실제로는 쓰지도 않고…… 쓰지 않는다고 버리는 건 내키지 않고……."

화장품을 정리할 결심이 서지 않았던 이유이기도 했습니다.

"전부터 C사의 크림을 갖고 싶었어요. 나한테는 사치라고 생

각해서 포기했지요. 그런데 이제 보니, 다른 화장품을 사지 않았으면 몇 개라도 살 수 있었던 거네요. 쓰지도 않는 물건을 누굴 위해서 샀는지. 시간과 돈을 허투루 써 온 것 같아요."

의뢰인이 처음으로 자신의 진짜 마음과 마주하는 순간이었습니다. 그 의뢰인은 화장품이면 무조건 좋아한 게 아니라 C사의 화장품을 좋아한 것입니다. 화장을 시작하고부터 긴 시간을 흘려보낸 뒤에야 의뢰인은 귀를 닫고 있던 자기 마음과 정직하게 마주했습니다. 이제야 처음으로 자신을 이해하고 자기가 진짜 좋아하는 물건을 볼 수 있게 되었습니다.

"앞으로는 저 자신한테 더 상냥해지려 해요. 스기타 선생님이 말씀하신, 나에게 상냥해져야 한다는 말뜻을 겨우 알게 된 것 같아요."

그렇게 해서 의뢰인은 다른 화장품을 전부 처분하고, 그다음 주에는 염원하던 C사의 크림을 손에 넣을 수 있었습니다.

"방에는 아무것도 없는 게 가장 아름다워요. 하지만 나다움, 내 영혼이 느껴지게 만들어야죠."(『코코 샤넬, 여자를 갈고 닦는 말』, 다카노 데루미 저, PHP 문고)

자신을 받아들이는 힘

의뢰가 들어와 정리를 시작하기 전에 우선 상담을 진행하는데, 가장 먼저 의뢰인에게 현재의 방 혹은 집 상태와 의뢰인이 꿈꾸는 방(집) 이미지를 스스로 그려 보게 합니다. 그때 가장 많이 나오는 얘기가 "말끔하고, 호텔 같은 집을 만들고 싶어요." 입니다.

호텔 같은 집은 돈만 있으면 아주 쉽게, 금방 만들 수 있습니다. 일단 불필요한 물건을 다 버립니다. 호텔에는 쓸모없는 물건이 하나도 없으니까요. 버릴 수 없다는 마음보다 호텔 같은 집을 만들고 싶은 욕망이 더 크면 그렇게 해야 합니다. 하지만 그래서는 아무것도 변하지 않고, 금세 물건이 다시 쌓여 전과 같은 상태로 돌아가 버린다는 걸 이제 충분히 이해했겠지요.

그렇기에 정리 연습을 할 때는 처음부터 수납용품이나 수납 가구를 새로 사지 않습니다. 고르는 힘을 충분히 기르기 전에는 투자를 해도 헛수고가 됩니다. 고르는 힘이 붙은 뒤에는 내게 필요하고 내가 좋아하는 물건을 실패 없이 선택할 수 있으니, 수납용품이나 수납 가구는 정리 연습을 열심히 한 보상으로서 마지막에 천천히 즐기며 구입하도록 합니다.

재미있게도 연습 마지막 단계에 이르면 의뢰인의 생각도 바뀝니다.

"지금도 호텔 같은 집을 꿈꾸기는 하지만, 어느 정도 절충하지 않으면 현실적으로 무리가 될 것 같아요."

"너무 깔끔한 것만 추구하면 가족도 숨 막혀 할 것 같고, 조금만 더러워지거나 어질러지면 가족한테 잔소리를 해 댈지도 모르겠어요."

또한 '수납용품이나 가구는 필요 없어.'라는 결론을 내리는 사람도 있습니다.

다들 정리 연습을 하는 동안에 자신이 원하는 게 호텔 같은 집이 아니라, 스트레스 없이 생활할 수 있고 손쉽게 정리할 수 있는 집이라는 걸 깨닫게 되는 겁니다. 내가 뭘 원하는지 분명하게 안 것이지요. 그 지점까지 오면, 일단 괜찮다고 봅니다.

생활하다 보면 집 안에 여러 가지 물건이 들어오게 마련입니다. 바쁜 나날이 이어지다 보면 광고지와 우편물도 산처럼 쌓입니다. 식탁 위에 식기류 이외의 물건이 이것저것 쌓이기도 하겠지요.

정리 연습을 충분히 하면, 그런 상태를 보면서도 초조함이나 불안감을 느끼지 않게 됩니다. 자신에게 필요한 물건이 뭔지 알고, 시간과 노력을 조금만 들이면 충분히 정리할 수 있다는 걸 알기 때문이지요. 또한 앞을 내다보는 힘이 붙어 '지금은 시간이 없어서 정리를 못 하지만, 다음 휴일에는 시간을 낼 수 있어.’라고 느긋하게 생각할 수도 있고요. 더욱이 정리 연습을 하기 전처럼, 손 댈 수 없는 상태로 돌아가는 일도 없습니다.

이 단계에 이르면, 자신에게나 타인에게나 보다 너그러워집니다. 현실을 외면하며 ‘이걸로 됐어.’라고 포기하는 게 아니라, 자신을 믿게 된 것입니다.

무조건 완벽을 추구한다고 해서 꼭 행복해지는 건 아닙니다. 때로 완벽함을 추구하느라 자기 자신과 주위 사람들을 모두 괴롭게 만들기도 합니다. 정리 연습을 통해 이러한 사실을 배울 수 있습니다. 완벽함에 목매지 않고 자기 자신을 받아들이는 힘이 생기는 것입니다.

나에게 상냥한 선택

'남은 인생의 90퍼센트를 웃으며 살아가려면 어느 쪽을 고르는 게 좋을까?' 하는 것이 제 선택 기준 중 하나입니다. 선택이 망설여질 때, 늘 웃으며 생활할 수 있는 건 어느 쪽일지를 생각합니다. 그런 기준을 갖고 있으면 사는 게 무척 편합니다. 평상시 물건을 살 때도 마찬가지입니다. 나를 웃게 해 줄 물건은 어느 것일까? 나에게 힘을 주는 것은 어느 것일까? 쇼핑은 자신에게 가장 상냥해지는 순간입니다. 그래서 저는 쇼핑을 아주 좋아합니다.

나에게 상냥한 물건, 즉 내가 납득하고 골라서 산 물건은 정말로 소중하게 다룰 수 있고, 가족과 친구에게 자랑하고 싶어집니다. "귀엽지?" "멋지지?" 하고요.

반대로 '이거면 돼.' 하고 적당히 골라서 산 물건은, 내 안에서 빛나지 않기 때문에 남에게 자랑하거나 얘기하고 싶은 마음이 들지 않습니다. 그저 집 안에 있는 물건들 중 하나로, 소중하게 여기지 않게 됩니다.

물건도 사랑받아야 가치를 제대로 발휘합니다. 그러자면 사랑할 수 있는 물건을 골라야 합니다. 사람도 마찬가지입니다.

나에게 웃음을 주는 물건들을 가지고 생활하고 싶은 것처럼 서로에게 웃어 줄 수 있는 사람과 살고 싶지요. 이것이 궁극적으로는 나에게 상냥한 삶의 방식이라고 생각합니다.

'나에게 상냥한 선택'이라고 하면 자칫 자기 혼자만 행복해지려고 한다는 인상을 줍니다. 그러나 제가 말하는 '나에게 상냥하다.'라는 것은, 한 말을 또 하게 됩니다만, '자기 멋대로'와는 다릅니다. 자기 자신의 솔직한 마음과 마주하고, 그 결과 나와 남을 소중하게 여기는 것을 뜻합니다. 그럴 수 있다면 인생은 훨씬 풍요롭고 행복해질 겁니다. 마음가짐과 행동을 자기 멋대로만 하면, 나도 행복하지 못할 뿐 아니라 주위 사람들 행복까지 빼앗습니다.

인생을 행복하게 살아가는 힘은 내 안에서 키워 가는 것입니다. 정리 연습이 그 계기를 만든다 해도 과언이 아닙니다.

사회를 바꾸는 힘

정리 연습을 통해 마음가짐이 바뀌면, 당연히 생활 방식도 바뀝니다. 생활이 바뀌면 다음에는 사회가 바뀔 것입니다. 사회는 한 사람 한 사람이 떠받칩니다. 사람들의 생활이 사회를 순환시킵니다. 그렇기에 정리 연습에는 사회를 바꾸는 힘이 있다고 저는 믿습니다.

정리를 잘하게 되면, 집 안의 물건이 적절하게 순환하여 헛되이 폐기되는 일이 줄어듭니다. 각 가정과 회사에서 물건을 끝까지 다 쓰게 되면 쓰레기도 줄어듭니다. 생각 없이 물건을 사는 소비 행태가 바뀝니다. 그만큼 정말로 필요한 물건에 돈을 쓰는 순환이 가능합니다. 가격 경쟁을 하느라 조악한 물건을 만들어 유통시키는 일도 줄어들 테지요. 소비자가 변하면 제조, 판매를 하는 업계도 변할 수밖에 없습니다.

전쟁과 물자 부족 시대를 겪은 사람들이 꿈꾸던 '풍족함이 곧 행복'인 시대는 지났습니다. 지금은 물건이 넘쳐 나는 시대입니다. 입버릇처럼 아깝다고 하면서도 버리면 모든 게 해결된다는 모순된 풍조도 만연합니다.

그 흐름을 바꾸려면 적절한 정리 방법을 배워 거듭 연습하면서 나 한 사람부터 바뀌어야 합니다. 시간과 정성을 들여 완성도 높은 물건을 만들고, 그렇게 만든 물건을 소중하게 끝까지 사용하는 미덕을 되찾고 싶습니다. 진정한 풍요를 우리 손으로 만들어 가면 좋겠습니다. 정리 연습이 목표로 하는 것은 그런 사회입니다.

다음 페이지에서는 정리를 통해 달라진 어느 고등학교 이야기를 소개하겠습니다.

자전거 도난을 해결한 정리

학생 수 약 1,800명에 통학 자전거 대수가 약 700대인 그 고등학교에서는 연간 70대나 되는 자전거가 도난을 당했습니다. 즉 연간 자전거 도난 발생률이 10퍼센트에 이르렀던 것입니다. 흔히 말하는 '문제 학교'였지요.

대책을 고심하던 학교에서는 자전거를 이중으로 잠그자는 캠페인을 벌였습니다. 도둑맞은 자전거 대부분이 자물쇠가 잠겨 있지 않거나 쉽게 열 수 있는 자물쇠가 달려 있었기 때문입니다. 그래서 입학식 날, 자전거 업자를 불러 그 자리에서 튼튼한 자물쇠로 바꿔 달기도 했습니다. 그래도 자물쇠를 잠가야 한다는 의식이 부족해 도난은 줄지 않았습니다.

2011년 4월, 생활 지도 부장이 된 A 선생은 여태 해 오던 방식으로는 아무것도 변하지 않는다는 사실을 깨달았습니다. 문제를 일으킨 학생에게 아무리 이야기를 해도, 때로는 목청을 높여 봐도, 문제는 끊임없이 일어납니다. 두더지 잡기처럼 끝없는 생활 지도에 A 선생도 지쳐 버렸지요.

하지만 이대로 두면 학교는 걷잡을 수 없이 황폐해질 테니, 어떻게든 자전거 도난만이라도 줄이고 싶은 마음에 새로운 대책을 강구했습니다.

그때까지는 항상 열어 두었던 자전거 보관대 입구를 등하교 시간 외에는 잠가 보았습니다. 효과는 전혀 없었습니다.

그다음에 생각한 방법이 학년별 주차입니다. 그때까지는 자전거를 자유롭게 세워 둘 수 있었기 때문에 입구 쪽에만 자전거가 잔뜩 몰려 있었습니다. 더욱이 지각할 것 같은 학생들이 거기에 세우기 때문에, 항상 자전거가 무질서하게 겹겹이 쌓여 있었습니다. 그것을 학년별로 나누니 차츰 정리가 되었지만, 유감스럽게도 여전히 도난은 줄지 않았습니다.

그래서 마지막 수단으로 강제력을 발휘했습니다. 학생들이 모두 등교한 뒤에 생활 지도부 선생님 여섯 명이 잠겨 있지 않은 자전거를 와이어로 묶어 버렸습니다. 일단 도둑맞을 염려는 줄어들었지만, 학생들이 자기 자전거를 멋대로 묶어 놨다며 부루퉁한 얼굴로 교무실에 찾아왔습니다. 생활 지도부 선생님들은 그때마다 하던 일을 멈추고 보관대로 가서 자전거 와이어를 풀어 주었습니다. 보관대로 향하는 길에 선생님들이 "자전거가 연간 70대나" 도난을 당하며 한번 잃어버린 자전거는 "절대 돌아오지 않기" 때문에 와이어로 자전거를 묶는 것은 "모두 학생들을 위한 일"이라고 이야기하니, 그때까지 부루퉁 했던 학생들도 선생님들의 뜻을 조금씩 헤아리기 시작했습니다. 그렇게 자물쇠 잠그는 비율이 올라갔고, 당연히 도난도 줄어들었습니다.

또한 선생님들은 자전거 한 대 한 대를 반듯하게 세웠습니다. 와이어로 묶을 때, 뒷바퀴를 나란히 맞추어 세운 것입니다. 보관대 주변의 쓰레기도 주웠습니다. 쓰레기를 줍는다고 도난이 줄어들 거라고는 선생님들도 생각하지 못했다고 합니다. 다만 자전거가 질서 정연하게 늘어서 있는 걸 보니 자연스레 주변을 깨끗이 치우고 싶어졌다더군요. 생활 지도부 선생님 여섯명은 매일 아침 자전거 700대를 똑바로 세웠습니다. 여름 더위 속에서도, 겨울 추위 속에서도 계속했습니다.

그러는 동안에 학생들 태도가 변해 갔습니다. 처음에는 "어째서 멋대로 자물쇠를 잠그는 거예요? 일부러 교무실까지 오는 거 귀찮다고요!" 하던 학생들이 "창피하게도 잠그는 걸 깜빡했네. 죄송합니다."라며 공손한 태도를 보였습니다. 선생님들께 고맙다는 말도 하게 되었고요.

차츰 자전거 도난이 줄어들었습니다. 동시에 학생들 스스로 자전거를 줄 맞추어 세웠고, 쓰레기를 함부로 버리지도 않았습니다. 여섯 선생님은 한 발 더 나아가 화단을 정성스레 가꾸었습니다. 학생들이 마구 짓밟아 굳어 버린 화단 흙을 갈아엎고 비료를 주고 꽃모종을 심었습니다.

그런데 사실, 선생님들은 고독했답니다. 1,800명의 학생을 품고 있는 학교 안에서 생활 지도부의 겨우 여섯 사람이 시작한 정리 정돈과 환경 미화, 녹화 활동을 두고 다른 선생님들이 비아냥거렸습니다.

"풀 뽑을 틈이 있어서 좋겠네."

"쓰레기 주울 시간에 학생들과 좀 더 소통하면 좋잖아요?"

"생활 지도부는 물러 터졌어. 도통 뭘 하고 있는지 알 수가 없단 말이야."

그런 식으로 말하는 사람이 많았습니다. 이해는커녕 때로 차가운 시선까지 견뎌야 했습니다. 더구나 자전거 잠그는 와이어와 꽃모종을 사는 돈도 전부 선생님들 주머니에서 나갔습니다. 여섯 선생님도 불안했습니다.

"우리가 지금 하는 일이 학생들을 위한 게 맞는 걸까?"

"학교가 좋아지긴 할까?"

어느 날, 화단 손질을 하는 선생님에게 한 학생이 다가와 말을 건넸습니다.

"선생님, 학교를 정말 사랑하시는군요."

그 말을 듣고 선생님은 생각했습니다.

'앞으로 100일만 더 힘내 보자. 봄이 되어 이 꽃이 필 때까지만.'

해가 바뀌어 신입생을 받는 날, 학생 지도부 선생님들은 평소처럼 자전거 정리와 자물쇠 확인을 하러 갔습니다. 신입생들 자전거가 아주 당연한 듯이 깔끔하게 늘어서 있었습니다. 선생님들은 너무 기쁜 나머지 그 모습을 사진으로 남겼습니다.

신입생들은 정리된 환경을 당연한 것으로 받아들였고, 자신들도 당연히 정리해야 한다고 느껴서 그렇게 행동한 겁니다.

환경을 정돈하면, 사람의 행동도 정돈될지 몰라.

정돈된 환경에서는 정돈된 도덕 규칙이 생겨나는지도 몰라.

어른이 바뀌면 아이에게도 영향을 줄지 몰라.

선생님들은 실감했습니다.

자물쇠를 확인할 수 없는 주말과 휴일, 여름방학 같은 장기 휴가 동안에도 자전거 도난은 일어나지 않았습니다. 주변에 쓰레기를 버리는 일도 없었습니다.

연간 10퍼센트에 이르렀던 자전거 도난 발생률이 제로가 되었습니다. 그리고 이 기록은 1년 넘게 이어지고 있습니다.

정리는 힘이 세다

자전거를 정리하고 주변과 교내를 정돈했을 뿐인데, 어떻게 도난 발생률이 제로가 되었을까요?

환경범죄학에 '깨진 창문 이론'이라는 것이 있습니다. 건물의 깨진 창문을 방치하면 아무도 신경 쓰지 않는다는 표식이 되어, 결국에는 나머지 창문들까지 모두 깨진다는 이론입니다. 뉴욕은 1980년부터 미국에서 손꼽히는 범죄 다발 지역이 되었습니다. 1994년에 당시 뉴욕 시장이 '깨진 창문 이론'을 응용해서 시내 치안 대책을 세웠습니다. '건물 창이 깨졌을 때 방치하지 않는다', 즉 작은 규칙 위반을 엄격하게 단속함으로써 치안을 개선한다는 생각이었지요. 경찰 수를 5,000명 늘리고, 거리 순찰을 강화하고, 낙서와 미성년자 금연, 무임승차, 좀도둑질, 방화와 폭죽, 소음, 불법 주차 등을 철저하게 단속했습니다. 그 결과, 5년 동안에 범죄 건수가 큰 폭으로 감소했습니다. 앞서 얘기한 고등학교에서도 같은 일이 일어난 건지 모릅니다.

하지만 제 생각에는 훨씬 중요한 것이 있습니다. 손실을 따지지 않고 '학생들을 위하는' 마음만 가지고 필사적으로 움직인 어른들이 있었다는 사실입니다.

여섯 선생님을 받쳐 준 것은 '어떻게든 해야 한다.'라는 생각이었을 테지요. 오직 한 가지, '학생들을 범죄에서 떼어 놓고 싶다.'라는 바람이었을 겁니다. 그런 마음이 있었기에 학생들의 반발도 견딜 수 있었을 테고, 동료들이 보내는 냉담한 시선에도 지지 않았을 겁니다. 그리고 한 학생이 건넨 말에 위안을 받고, 시작한 일을 계속할 수 있는 힘을 얻었습니다. 마침내는 선생님들의 행동이 학생들을 서서히 변화시켰고요.

이 과정에서 학생들은 자신이 그저 '어른이 시키면 시키는 대로 하는' 사람이 아니라, '어른들과 함께 상황을 바꿔 갈 힘이 있는' 사람이라고 느낀 게 아닐까요? 또한 선생님이나 부모님, 주변 어른들에게 격려를 받고 도움을 얻기만 하는 게 아니라, 자신들의 한마디가 그 어른들을 격려하고 도울 수도 있다는 것을 깨달은 게 아닐까요?

정리에는 사람을, 가정을, 나아가 사회를 바꾸는, 가능성으로 가득 찬 힘이 숨어 있습니다.

4교시

사회에서 통하는 정리의 힘

앞 시간에는 정리 연습을 구체적으로 배우면 실제로 어떤 변화가 생기는지 이야기했습니다.

단순히 방과 집 안이 깨끗해질 뿐 아니라,

인생을 바꿀 수도 있다는 걸 이해했을 거라 생각합니다.

이 장에서는 정리하는 힘이 사회에 나가서도 도움이 된다는 사실을 설명하려 합니다.

우선은 제가 어떻게 이 일을 하게 되었는지부터 이야기하지요.

사회에서 처음 배운 것

제가 스무 살에 처음 취직한 회사는 나고야 공항에 있는 그라운드 핸들링 회사였습니다. 그라운드 핸들링이란 지상에서 하는 모든 항공 업무를 말합니다.

항공기를 한 대 띄우려면 다양한 일을 하는 사람들이 필요합니다. 우리가 공항에서 주로 보게 되는 것은 탑승 수속 사무원, 객실 담당 승무원, 항공기 유도사, 정비사 등 대부분 보이는 곳에서 일하는 사람들일 겁니다. 하지만 그 밖에도 눈에 보이지 않는 곳에서 여러 사람들이 다양한 일을 하고 있습니다. 저도 그런 사람 중 하나로, 국제공항의 화물 처리를 담당했습니다.

나고야 공항도 다른 비행장과 마찬가지로 세계 여러 도시와 화물을 주고받았습니다. 특히 근처에 도요타 자동차가 있었기 때문에 수출 화물에는 자동차 부품, 반도체 같은 공업품이 많았습니다. 수입 화물은 그야말로 다종다양했지요. 스즈카 서킷에서 자동차 경주인 F1 세계 선수권 대회가 열릴 때는 F1 자동차가 화물 전용기로 도착합니다. 네덜란드 암스테르담에서 일본 동물원까지, 수의사와 함께 온 하마도 있었습니다. 커다란 냉동 참치부터 진귀한 오리 알까지 식료품도 갖가지였습니다.

제가 배속된 곳에서는 국제 화물 중에서도 수출 화물을 다루었습니다. 즉, 세계 각 곳으로 물품을 보내는 일을 했습니다.

구체적으로는 각 항공 회사에서 보내오는 항공 화물 예약 목록과 선적 지시서를 바탕으로 항공 화물 대리점에서 운반해 오는 화물을 수탁하고, 예약 목록과 통관 정보, 실물을 대조합니다. 그리고 선적 지시서대로 항공 컨테이너에 싣도록 담당자에게 의뢰합니다. 물건 싣는 작업이 끝나면 착오가 없는지 확인하고, 항공 컨테이너에 실은 상태에서 무게가 얼마나 나가는지 자세히 조사해 항공기 탑승을 관제하는 부서에 보내는 동시에 세관에서 수출 허가를 받습니다. 마지막으로 항공기 조종실에 가서 기장에게 탑재 허가를 받습니다. 비행기가 출발한 뒤에 탑재 정보를 도착 공항과 항공 회사에 전달하면 비행기 한 대 분량의 작업이 끝납니다.

비행 전날부터 작업을 시작하는데, 아무 문제도 생기지 않는 경우는 거의 없습니다. 화물을 반입하는 트럭이 시간에 맞게 도착하지 않거나, 서류에 빠진 항목이 꼭 나오지요. 서류에 적힌 것과 실제 화물의 무게가 일치하지 않는 경우도 있고요. 그때마다 작업을 중단하고 예상치 못한 상황에 대처하기 위해서 공항을 뛰어다닙니다.

제가 입사하고 얼마 지나지 않아 일본 내 수출입 통관 작업이 모두 전산화되어 공항을 뛰어다니는 횟수는 줄었지요. 하지만 시행 첫해에는 전산 오류가 잦은 데다 전산에 능통한 인재도 적어서, 모든 직원이 저마다 두꺼운 매뉴얼을 꺼내 시스템의 오류와 문제를 조사하고 확인해 시간 내에 해결하는 작업을 반복했습니다.

'못 하겠어.' '모르겠어.'라는 말은 허용되지 않았지요. 수출입은 법 규제가 엄격하기 때문에 적당히 할 수 없습니다. 나쁜 의도가 없었더라도 어느 작업 하나 소홀히 했다가는 법에 저촉되어 노선 운항 자체가 취소될 수도 있습니다.

돌이켜 보면 입사 1년째부터 상당히 책임 있는 일을 맡았습니다. 저한테 특별한 능력이 있어서가 아니라, 회사가 생긴 지 1년째에 채용되었던 터라 회사로서도 큰일을 맡길 수밖에 없었습니다. 즉, 회사 설립 때부터 일했거나 안정기에 경력직으로 채용된 사람이 아니면 대부분 신입이었던 거지요. 덕분에 항공 화물에 관한 여러 자격을 따고, 온갖 연수에 참가할 수 있었습니다.

공간 지각력과 계획하는 힘

그 뒤에는 현장 경험을 살려 외국계 항공 회사로 옮겼습니다. 선적 지시서를 받던 입장에서 선적 계획을 작성하고 현장에 지시하는 입장으로 바뀌었지요. 우선은 비행 전에 항공 화물 예약을 받습니다. 당시 사용하던 비행기 한 대에 실을 수 있는 무게는 약 10톤. ULD 팔레트(화물 탑재용 받침대) 네 장, 컨테이너 여섯 개 분량입니다. 작은 화물부터 큰 화물, 비뚜름한 화물, 무거운 화물, 가벼운 화물, 저마다 상태도 목적지도 다른 화물들을 크기와 중량, 도착지 등 고객에게 받은 물품 정보만 가지고서 항공 컨테이너의 제한된 공간에 맞춰 싣도록 머릿속으로 선적 계획을 세우고 지시서를 작성합니다.

연간 약 500편, 약 10년 동안 그 일을 하는 동안에 공간 지각력이 현저히 높아졌습니다. 공간 지각력이란 물체의 위치, 방향, 자세, 크기, 형상, 간격 등 물체가 3차원 공간을 점하는 상태와 관계를 빠르고 정확하게 파악하고 인식하는 능력입니다. 예를 들어 '재목이 잔뜩 쌓인 더미의 한쪽만 보고 가려진 부분에는 몇 개나 쌓여 있는지', '설계도만 보고 그대로 조립된 물건이 어떤 모양인지' 알 수 있는 능력이지요.

당시에는 제가 '정리'와 '수납'을 직업으로 삼게 될 줄 꿈에도 몰랐습니다. 그런데 그때 기른 공간 지각력이 지금 하는 일에 도움이 됩니다. 의뢰인 집에 들어가 방과 수납공간을 휙 둘러보면, 얼마나 많은 물건이 거기에 들어 있는지, 낭비되는 공간이 어느 정도인지, 어떻게 하면 잘 수납할 수 있는지 등을 곧바로 판단할 수 있습니다.

항공 회사에서 익힌 것이 또 하나 있는데, 바로 '계획하는 힘'입니다. 제가 맡은 일은 화물만 파악해서 되는 게 아니었습니다. 항공기에서 가장 중요한 건 승객이기 때문입니다. 그다음이 승객의 수하물, 마지막이 항공 화물입니다. 그렇기에 그날 탑승객 수, 예상되는 수하물 수, 연료량, 중간 기착지, 도착지에서의 프로세스까지 모두 고려해서 가장 적절한 계획을, 단시간에 세워야 합니다. 계획을 잘못 짜면 현장에서 혼란이 발생하고, 작은 실수가 큰 사고로 이어질 수 있습니다.

출발 전까지 모든 작업은 시간과의 싸움입니다. 출발 시간에 맞추어 인원을 배치하고 순서에 맞게 일을 진행해야만 예정된 비행기에 화물을 실을 수 있습니다. 우리가 계획을 잘못 짜면 비행기는 지체 없이 떠나 버리고, 실어야 할 화물이 덩그러니 남게 되지요. 예정된 비행기에 화물을 탑재하지 못하면 화물주에게 막대한 폐를 끼칠뿐더러 도착지의 생산 라인이 마비될 수도 있습니다. 또한 비행기 출발 30분 전에는 탑재 가부가 결정되므로 직전에 계획을 변경하는 일은 피해야 합니다. 그렇지 않으면 안전 운항에 지장이 생길 수 있습니다. 게다가 탑재 화물의 중량은 비행기 연료 무게에도 영향을 끼치니, 정확히 계산해야 합니다.

그런 상황에서 시간에 맞추어 정확하게 일을 처리하려면 여러 가지 압박감을 견뎌야 하지만, 사전 준비와 계획을 철저히 함으로써 시간과 마음의 여유를 가질 수 있게 노력합니다. 물론 실수를 전혀 하지 않은 건 아니지만, 그 실수가 다음 일을 성공시키는 자양분이 됩니다.

일을 통해 제가 익힌 것은 '정리하는 힘' 그리고 '계획하는 힘'입니다. 거꾸로 말해, 일상생활 속에서 정리를 통해 공간 지각력과 계획하는 힘을 길러 두면, 사회에 나가 일을 할 때도 도움이 됩니다.

기술에 마음을 담아

뜻밖의 사태에 대처할 필요도 있었습니다. 갑작스럽게 큰 눈이 쏟아지거나 태풍이 오기도 하지요. 기상 조건이 나빠지면 항공기 운항 일정은 엉망이 됩니다. 그럴 때는 대체할 항공편을 준비해야 합니다. 또한 화물을 맡긴 승객에게 연락하는 등 각자가 필요한 조치를 취해야 합니다. 위에서 지시가 내려오기만 기다려서는 안 됩니다.

대표적인 경우가 항공기 사고입니다. 안타깝게도 제가 재직 중일 때 가슴 아픈 추락 사고 한 건과 9·11 테러가 일어났습니다. 테러가 일어난 이튿날 출근했더니, 그때까지 본 적 없는 비상 메일과 텔렉스가 잔뜩 쌓여 있었습니다. 나고야는 사건이 일어난 뉴욕과 멀리 떨어져 있지만, 해야 할 일은 산더미처럼 많았습니다.

우선 항공기 소재 확인입니다. 사고 발생 몇 시간 내로 비행 중인 모든 항공기가 가까운 공항에 착륙해야만 했습니다. 전혀 상관없는 나라를 날고 있더라도 그렇습니다. 모든 항공기가 한꺼번에 온 세계 어딘가에 있는 공항에 내려앉는 겁니다. 그런 상황이 되면 정보가 마구 뒤섞여 어느 비행기가 어느 공항에 착륙했는지를 좀처럼 파악할 수 없습니다. 탑승객 가족들의 연락은 물론이고 화물에 대한 문의도 쏟아지지만 파악이 안 되니 답변할 도리가 없는 겁니다. 12일 비행은 전부 취소되었기 때문에 그에 대한 대응도 해야 했습니다. 사무실 전화가 언제까지나 그칠 줄 모르고 울렸습니다.

항공기 소재가 파악되면 여객 담당 부서와 연계해, 나고야에서 출발한 승객 상황부터 확인합니다. 사람 목숨이 가장 중요하니까요. 그런데 그때는 어디에 문의해도 알 수 없었습니다. 미국 쪽과는 거의 연락이 되지 않는 상태였기에, 평소라면 전화 한 통으로 해결될 일인데도 전혀 진전이 없었습니다. 고객이 설명을 요구해도 아무것도 대답하지 못한 채 시간만 흘러갔습니다. TV 뉴스를 곁눈질하며, 결국 그날 저녁까지 아무런 대응도 하지 못했지요. 안타까운 마음뿐이었습니다.

이윽고 조금씩 정보가 들어오고, 고객에게 간신히 연락할 수 있게 되었습니다. 그날은 밤늦게까지 대응했지요. 그 뒤 정상 운항을 재개하기까지 약 1주, 일상 업무로 돌아가기까지 2주 정도가 걸렸습니다.

우리 상상을 훌쩍 뛰어넘는, 한 번도 본 적 없는 사건에 대해 누구 하나 대비할 수 없었습니다. 그래도 한 사람 한 사람이 그때 할 수 있는 한에서 최선을 다해 대처했습니다. 모두가 일의 영역을 넘어, 한 사람의 인간으로서 어떻게 해야 할지 생각하면서 행동했습니다.

9·11 같은 긴급 사태에는 매뉴얼대로 일이 흘러가지 않습니다. 그런 상황에서는 어떤 매뉴얼보다 사람이 사람을 생각하는 인간다움이야말로 힘이 된다는 사실을 뼈저리게 느꼈습니다. 사고를 당한 사람들의 안부를 신경 쓰고 그 가족들이 느낄 불안감을 상상할 때 마음속에서 무언가 솟아나는 것이 분명 있었기에 많은 이들이 성실하게 대응할 수 있었을 겁니다.

지금은 정리 기술을 알기 쉽게 매뉴얼로 만들어 지도하지만, 그때 그 사건을 계기로 한 가지는 확신하게 되었습니다. 상대를 배려하는 마음을 이길 수 있는 기술은 없다는 것 말입니다.

상대를 생각하는 마음은 기술이 아닙니다. 하지만 기술에 마음을 담을 수는 있습니다. 정리법을 연습하고 익히는 것은 그다지 어려운 일이 아닙니다만, 그 기술을 어디에 어떻게 누구를 위해 쓸지 자신과 마주하면서 곰곰이 생각하기 바랍니다. 그걸 깨달은 사람은 단순히 정리하는 힘이 늘 뿐 아니라 인간적인 매력도 훨씬 커질 겁니다.

사회인의 정리 기술 5S

책상 위에 한 달 이상 쌓아 둔 종이가 있나요?

책상 서랍 속에 언제 들어갔는지 모를 물건이 있나요?

필요한 자료를 찾는 데 시간이 오래 걸리나요?

사회에 나가면 이렇게 시간과 공간을 낭비하지 않도록 요구받지만, 책상 사용법이나 서류 보관법 같은 건 아무도 가르쳐 주지 않습니다. 정리와 마찬가지로 당연히 알고 있을 거라 생각하기 때문입니다.

만약 여러분이 사회에 나가기 전에 정리 기술을 익힌다면, 다른 동기들보다 업무를 쉽고 능률적으로 해 나갈 수 있을 겁니다. 어떤 직업이든, 어떤 일을 하든, 정리 정돈은 빼놓을 수 없는 업무 기술입니다. 예를 들어, 아침에 출근해서 필요한 물건을 찾느라 시간을 보내는 사람과 출근하자마자 계획성 있게 일을 시작하는 사람의 차이는 분명합니다. 장래를 위해 자격증을 따듯 정리 기술도 익힙시다.

저는 가정 정리 지도 외에 기업, 개인 사무소, 병원, 공장 등을 대상으로 '5S' 지도도 합니다. 5S란 '정리, 정돈, 청소, 청결, 버릇'〔순서대로 せいり(seiri), せいとん(seiton), せいそ(seiso), せいけつ

(seiketsu), しつけ(shitsuke)의 머리글자 발음을 딴 업무 효율 전략)을 뜻하는 기업판 정리 이론입니다. 다만 '버릇'은 아무래도 '버릇을 고치다'라는 말 때문에 억지로 시키는 듯한 인상을 줘서 저는 좋아하지 않습니다.〔しつけ는 원래 뜻이 '훈육'에 가깝다.〕사람들이 5S 활동을 싫어하는 원인 중 하나인 듯도 합니다. 그래서 저는 지도를 할 때 '버릇'을 '습관'〔しゅうかん의 머리글자 발음도 S〕이라고 바꿔서 말합니다.

회사에서 하는 정리 정돈이 당장 이익으로 연결되지는 않는 까닭에 대부분은 괜히 번거롭기만 한 일이라고 생각하는 듯합니다. 특히 지도를 받는 사원들이 그렇지요. "시간이 없어요." "어떻게 하는 건지 모르겠어요." "해 봐야 어차피 금방 도로 더러워져요." "일할 시간도 모자란데 그런 걸 할 여유가 어디 있어요?" 하고 불만이 터져 나옵니다. 입 밖에 내지 않아도 마음속으로는 그렇게 생각하는 사람이 많은 것 같습니다.

한번은 70년 이상의 역사를 가진, 종업원 60명 규모의 나사 제조 공장에 5S 지도를 하러 갔습니다. 공장은 3층 건물로, 사업이 확대됨에 따라 개축과 증축을 한 탓에 구조가 복잡했습니다. 전체 동선과 사무실, 작업장, 창고, 서고 등의 배치가 어지럽게 뒤섞여 있었지요.

처음에 공장을 방문했을 때는 입구에 커다란 기계 설비가 있어서 짓눌리는 느낌이 들었습니다. 또한 곳곳에 가공 중인 제품과 부품이 놓여 있어서 사람이 안전하게 지나다닐 수 없었습니다. 공구도 쓰는 사람마다 제각각으로 관리하고 있었고요. 창고 절반은 뭐가 들어 있는지 알 수 없는 상태였습니다. 사무 공간의 책상 위에는 서류가 산더미처럼 쌓여 있었습니다. 공장 안 서고에는 쇼와〔1926~1989년〕 몇 년이라고 쓰인 파일이 아무렇게나 잔뜩 널려 있어, 새로운 서류는 갈 곳이 없었습니다. 평소에 쓰지 않는 물건도 잔뜩 쌓여 있는 듯했습니다. 더욱이 어디에 뭐가 있는지, 그 부서 담당자조차 파악하지 못했습니다. 이런 상황이 얼마나 불편함을 초래했는지!

입구에 있는 커다란 설비는 보안상으로도 문제가 있었습니다. 누가 들어오는지 나가는지 알 수 없었으니까요. 만에 하나 강한 지진이 일어났을 때 그것이 쓰러져 입구를 막아 버릴 위험도 있고, 화재가 났을 때 안전하게 피난하는 데 방해가 될 수도 있었지요.

가공 중인 제품이 여기저기 널려 있어서 작업을 시작하기 전에 찾으러 왔다 갔다 해야 하니 작업 효율이 떨어졌습니다. 또한 공구 정리와 손질이 제대로 되어 있지 않아서 작업 효율은 더욱더 떨어질 수밖에 없었습니다. 그 때문에 불량품이 나오기도 했지요.

시간과 노동력, 더욱이 공간까지 모두 낭비되는 상황이었습니다.

그런데도 거기서 일하는 사람들은 불편을 느끼면서도 아무런 행동도 하지 않았습니다. '원래 이랬는데 어쩌겠어.'라고 생각하는 사람이 태반이었습니다. 혹은, 괜한 말을 꺼냈다가 자기가 책임을 떠안아야 할 거라는 생각에 입을 다문 사람들도 있었습니다.

아마 이 공장도 조업을 시작한 후로 많은 기술 혁신과 효율화를 꾀하고, 낭비를 줄이기 위한 노력도 했을 겁니다. 하지만 새로운 기술을 충분히 활용하려면 기술 혁신에 맞춰 환경도 변화시켜야 하는데 그러질 못한 겁니다. 예를 들어, 30년 전에는 컴퓨터가 없었을 테니 서류 하나 작성하는 데도 시간이 많이 걸렸을 겁니다. 컴퓨터를 도입해서 서류 작성 시간은 단축되었지만, 산더미처럼 쌓여 가는 서류들 속에서 필요한 걸 찾는 데 시간이 걸리고, 그 결과 절약되었던 시간이 헛되이 사라지게 되지요.

기업이 발전하려면 기술이 진보하는 데 맞춰 환경도 개선해야만 합니다.

실천을 이기는 이론은 없다

그곳에서 제가 맨 처음 목표로 정한 것은 사원 모두가 한 마음이 되어 5S를 실천하는 것이었습니다. 사실 그 공장에서는, 전부터 5S 활동을 시도해 왔습니다. 하지만 부서마다 서로 다른 방식으로 제각각 진행하고는 "이렇게 활동했습니다." 하고 보고할 뿐이었지요. 그런 탓에 성과는 전혀 없었습니다.

저는 그들에게 다 함께 생각하고 다 함께 활동하기를 제안했습니다. 모두 함께 움직이다니, 언뜻 비효율적으로 보일 테지요. 하지만 모두가 함께 참여하면 부서를 초월해 소통할 수 있습니다. 한 사람 한 사람이 '지금 어느 부서에서 무엇을 하고 있는지, 나는 그 흐름에 맞추어 무엇을 해야 하는지' 전체 업무의 흐름을 꿰뚫어 보고 작업을 진행할 수 있게 됩니다. 나아가 일상 업무를 할 때도 원활하게 소통할 수 있습니다. 자신이 관리하지 않는 장소에도 눈길을 주게 되고, 자기가 일하는 곳만 깨끗하게 하면 된다는 생각이 차츰 사라집니다. 내가 사용하는 공구와 서류 외에도 정리 정돈을 해야겠다는 생각이 들지요.

예를 들어, 청소할 때는 우선 전원이 바닥에 걸레질을 합니다. 그전까지는 대걸레로 닦던 걸 손걸레로 바꾸었습니다. 그

랬더니 전보다 낮은 곳까지 시선이 닿게 되어, 상태가 좋지 않은 기계나 구석구석 끼어 있던 잡동사니, 먼지가 쌓이기 쉽거나 위험한 장소 등 지금까지 보이지 않던 것들이 보이기 시작했습니다. 그러자 개선해야겠다는 마음이 움터서 이리저리 궁리하고 개선할 방법들을 찾았습니다. 시야에 들어오지 않으면 문제의식을 갖기 어렵습니다. 지금의 환경에 익숙해져서 그게 당연한 듯 하루하루를 보내게 됩니다. 걸레질을 하는 건 깨달음으로 가는 첫걸음입니다.

그런데 모두가 처음부터 '다 함께 한다.'라는 데 찬성한 건 아니었습니다. 첫걸음부터 난관에 부딪쳤습니다. 여성 사원들이 반발한 것입니다.

"우리는 치마 제복이라 바닥에 걸레질하기 힘들어요."

물론 무릎을 꿇고 걸레질을 할 필요까지는 없습니다. 하지만 제안에 찬성하든 찬성하지 않든 일단은 '다 함께' 하기로 정했습니다. 비단 걸레질만이 아니라, 때로 여성이니까 할 수 없다는 생각이 여성이 가진 가능성이나 능력을 발휘할 기회를 스스로 뭉개 버릴 수도 있습니다. 만약 걸레질을 하지 않겠다고 한다면, 열심히 하려는 다른 동료들이 납득할 수 있도록 이유를 제대로 설명해야 합니다.

하지만 시작 단계에서는 반발하는 걸 알면서도 우선 걸레질에 동참하게 했습니다. 처음에는 마지못해 했을 겁니다. 그런데 계속 말했듯이, 정리와 청소는 결과가 곧바로 눈에 보입니다. 그 결과는 사람의 마음과 행동을 바꾸어 갑니다.

평소 일하던 장소가 걸레질을 계기로 눈에 띄게 개선되어 갔습니다. 반발하던 여성 사원들이 "이렇게 하면 어때?" 하고 아이디어를 줄줄 내놓기까지 했습니다. 이를 통해 일하기 좋게 환경이 변하고 일이 훨씬 더 술술 풀리게 되자, 걸레질이 갖는 의미도 이해해 주었습니다. 몸을 움직임으로써 다른 부서와 연락하고 소통하는 일도 활발해진다는 걸 알아주었습니다.

일단 해 봅니다. 해 달라고 합니다. 실천을 이길 수 있는 이론은 없습니다. 해 본 사람만 아는 것이죠.

다음으로 제가 시작한 일은, 정리 단계에 따라 재고 관리 팀, 기록 팀, 서류 정리 팀 등으로 팀을 나누는 것입니다. 팀장으로는 젊은 사람을 지명했습니다. 굳이 그렇게 한 데는 이유가 있습니다. 업무에서는 아무래도 베테랑을 당할 수 없기 때문에 젊은 사원들은 지시를 기다리는 데 익숙해져 스스로 고민하고 판단해서 행동할 기회가 거의 없습니다. 그러니 정리에서만큼은 그들이 활약하길 바랐습니다. 하나 더, 젊은 세대끼리 서로 얘기를 나눌 기회를 만들어 주고 싶었습니다.

처음에는 그들도 주저했습니다. 그 때문인지 이런 말이 나왔습니다.

"어차피 저 같은 말단 얘기는 아무도 안 들어요. 더구나 5S 성공 전략 같은 책은 죄다 경영자들이 쓴 거잖아요. 우리한텐 그런 결정권도 없고, 어차피 안 될 거예요."

'어차피 안 된다.'라는 생각은 가능성을 짓밟습니다. 안 된다고 생각되면 달리 어떤 방법이 있을지를 생각합시다. 그러면 반드시 다음 한 수가 생깁니다. 하지만 포기해 버리면 그 시점에서 끝나 버립니다.

자신 없어 하는 이들을 팀장으로 선발하고, 각 팀마다 작업 기간을 정해 그 기간 동안 팀장 중심으로 5S 활동을 진행했습니다. 그때까지 회사 일에 나서기는커녕 입도 뻥긋하지 않던 젊은 사원들이 책임감을 느끼고 스스로 움직이기 시작했습니다. 주위 선배들은 후배들이 애쓰는 모습을 보고 적절히 조언하며 아낌없이 협력했습니다. 아무도 젊은 팀장들을 건방지다고 생각하거나 얕보지 않았습니다. 그들의 걱정은 단순한 기우였던 것이죠. 해 본 적 없는 일이라고 해서 멋대로 상상하고 안 된다고 단정해 버리는 건 스스로 가능성을 버리는 것과 같다는 것을 알 수 있었습니다.

그렇게 해서 젊은 사원들은 스스로 안 될 거라고 생각했던 일을 하나하나 이루어 갔습니다. 그것은 곧 자신감이 되었지요. 그리고 부서 간에, 선후배 간에 그동안 없었던 연대감이 생겨났습니다.

후일담입니다만, 이러한 관계 형성은 업무 외적으로도 서로에게 영향을 미쳐 많은 변화를 낳았습니다. 일례로 후배 사원들에게 영향을 받은 베테랑들의 옷차림이 한층 젊어졌다고 합니다. 젊은이들도 지시를 기다리기만 하는 것이 아니라, 선배들과 적극적으로 의견을 나누게 되었습니다. 서로 취미를 공유하고 대화하는 일도 늘어나서 자연스레 회사 분위기도 좋아졌습니다.

소용없다는 말은 정말 소용없다

사원들은 항상 '어차피 말해도 들어주지 않을 테니 소용없어.' '어차피 금방 다시 어질러질 테니 소용없어.'라고 생각했습니다. 그런 생각으로는 아무것도 변하지 않습니다. 이 회사에서는 '못 한다.'라고 말하지 않는 걸 규칙으로 정했습니다.

한번은 어느 남성 사원이 '할 수 없다.'라고 주장했습니다. 제가 그렇지 않다고, 이런 가능성이 있다고 얘기하자, 자신을 부정했다고 느꼈는지 책상을 양손으로 탕 치며 일어나 자리를 떠 버렸습니다.

그럴 때 저는 한 발도 물러서지 않습니다. 왜냐고요? 무리한 일이 아니기 때문입니다. 여러분에게는, 이 회사에는, 변할 가능성이 있기 때문입니다.

때로는 화가 치밀면 그 감정을 정직하게 표현할 필요가 있습니다. 하지만 화만 내서는 아무것도 해결되지 않습니다. 남 일처럼 모른 체하는 것도 마찬가지입니다. 우선은 냉정해져야 합니다. 냉정하게 생각하면 선택지는 몇 개든 있습니다.

사회에 나가면 회사 방침에 따르는 것이 우선이어서, 내가 선택할 수 있는 게 아무것도 없다는 생각도 듭니다. 하지만 그렇지 않습니다. 여러분이 선택할 수 있는 일은 반드시 있습니다. 그렇게 생각하고 일단 시작하면 온갖 문제를 해결할 수 있습니다. 누구나 그런 힘을 갖추고 있습니다.

　우선은 '할 수 없다.'라는 말만 하지 않아도 선택지와 가능성이 무한히 펼쳐집니다.

정리가 이익을 부른다?

이렇게 규칙을 정한 다음에는, 앞에서 말한 정리 순서대로 실천합니다. 가정이든 회사든 똑같이 '꺼내기 → 나누기 → 고르기 → 수납'입니다. 목표를 정하고 규칙을 만들고 이론과 기술을 배워도, 실제로 움직이지 않으면 성과는 나오지 않습니다.

앞서 얘기한 회사에서는 우여곡절 끝에 활동 2년째가 되었을 때 전에 없던 큰 이익이 났습니다. 물론 정리 정돈만으로 직접적인 이윤이 생기지는 않습니다. 그렇기에 5S 활동 덕분에 과거에 없던 큰 이익을 냈다는 걸 증명할 수는 없습니다. 하지만 이 활동을 통해 숫자로 환산할 수 없는 많은 변화가 일어났습니다.

우선 시야가 확 트이고 바람이 잘 통하게 되었습니다. 앞서 말했듯 공장뿐 아니라 사원들의 관계에도 시원하게 바람이 통했지요. 무엇이 어디에 있는지 누구나 한눈에 파악할 수 있게 수납하여, 물건을 찾느라 시간 낭비하는 일이 없어졌습니다. 정리 정돈을 함으로써 일의 흐름과 구조도 명확해졌고, 모두가 함께 참여함으로써 상하 간, 부서 간 거리감이 없어지고 서로서로 돕고 소통하게 되었습니다. 필요한 물건만 확실하게 고른 결과, 쓰지 않는 물건을 보관하느라 새로이 창고를 짓지 않아도 되었습니다.

'소용없어.' '못 해.'라는 말을 하지 않기로 정하자, 모두의 사고방식이 가능성을 찾는 쪽으로 바뀌었습니다. 회의를 각자 보고나 하는 자리에 그치지 않게 하려면 어떻게 해야 할까 고민하면서부터 회의 시간이 더욱 건설적으로 변했습니다. 깨끗함의 판단 기준이 높아지고, 어질러져 있는 걸 가만두지 않게 되었습니다. 일상 속에서 문제의식을 갖게 되었고, 이는 개선하고자 하는 행동으로 이어졌습니다.

어질러진 곳에는 셀 수 없이 많은 가능성이 잠들어 있습니다. 방치해 두기엔 아깝습니다.

출구를 생각하면 전체가 보인다

일에서도 역시 정리 포인트는 '출구'입니다. 항상 출구를 고려하고 상상해야 합니다.

예를 들어, 이 제품이 마지막에 어떤 식으로 출하될 것인지하는 것부터 자기 작업 단계까지 거꾸로 거슬러 올라가며 생각합니다. 그러면 자연스레 해야 할 일이 보입니다. '시간이 낭비되는 곳은 없는지', '움직이기 힘든 곳은 없는지', '이동할 때 위험한 곳은 없는지', '옆 부서와 원활하게 소통하고 있는지', '특별히 주의해야 할 작업은 없는지' 등을 고민하면서 전체를 보는 힘이 자라납니다.

매일 사용하는 공장 설비에 대해서도 관심을 갖게 됩니다. 공구와 기기가 소모되는 데 얼마나 시간이 걸리는지, 어느 정도 기간을 두고 교환해야 하는지, 소모를 판단하는 시점은 언제인지, 모두가 공유할 수 있도록 궁리하게 됩니다.

작업 내용이나 질뿐만 아니라 일하는 시간 또한 출구를 보는 사고가 도움이 됩니다. 퇴근 시간을 기준으로 역산해서 몇 시까지 무엇을 해야 하는지, 양적으로는 얼마만큼 할 수 있는지 계획을 세울 수 있습니다. 장기 프로젝트에서도 마찬가지입니다. 출구를 보지 않고 눈앞에 있는 일만 해치우려고 하면, 반드시 불필요한 일이 생깁니다. 우선순위를 정할 수도 없습니다.

사소한 일상 업무부터 큰 프로젝트까지, 출구를 보는 습관을 들이면, 지금 무엇을 해야 할지 분명히 알 수 있어 효율적으로 일할 수 있습니다. 회의에 진척이 없을 때도 참석자들에게 출구를 상상하게 하면, 건설적인 방향으로 회의를 다시 끌어갈 수 있습니다.

물건의 출구, 작업 내용과 질, 시간의 출구를 생각하는 습관은 가장 중요한 일입니다. 5S 활동을 통해 이러한 습관을 들이면, 일상적으로 출구를 상상하며 효율적으로 업무에 임할 수 있습니다.

물론 정리 정돈과 5S의 가치를 모르는 회사에서 일하게 될 수도 있습니다. 하지만 기회는 언제 찾아올지 알 수 없습니다. 정리 정돈은 업무의 기술이자 일생의 기술입니다. 언제 찾아올지 모르는 기회를 놓치지 않도록 정리법을 익혀 둡시다. 어떤 경우든 당장 실행할 수 있고 어느 회사에서든 요구되며 확실하게 결과를 낼 수 있는 기술입니다.

가정 통신문

부모를 위한 정리 지도법

이 장은 청소년뿐만 아니라, 어머니 아버지도 꼭 읽기 바랍니다.

또한 여러분도 언젠가 부모가 되어 아이에게 정리 방법을 가르쳐야 할 날이

올지도 모릅니다. 학교나 직장에서 후배에게 정리 지도를 하게 될지도 모르고요.

누군가에게 정리 방법을 가르치는 그날을 상상하면서 읽어 주세요.

알아서 잘하는 아이는 없다

"세 살짜리 아이예요. 정리하는 방법을 어떻게 가르쳐야 할지 모르겠어요."

"초등학교 6학년 여자아이인데, 어지럽히기만 하고 치우질 않아요. 어떡하면 좋을까요?"

"아들이 고등학교 2학년에 올라가는데 아직도 정리를 제대로 못해요. 어떻게 해야 할까요?"

연령과 성별은 제각각이지만 자녀의 정리에 관한 상담이, 과장이 아니라 정말로 날마다 들어옵니다.

"여러분 자녀 중에 부모가 잔소리하지 않아도 알아서 정리를 하는 아이가 있습니까?"

학교운영위원회가 주최하는 어린이 수납 및 정리 강좌에서는 이 질문을 꼭 던집니다. 참석한 부모들 가운데 2퍼센트 정도가 손을 듭니다. 학생 수가 500명인 학교라면 열 명 정도이지요. 아이들 나이는 대개 초등학교 고학년 이상입니다.

다시 묻습니다.

"아이들이 스스로 깨끗이 정리하기를 바라는 분은 손을 들어 주세요."

그러면 한 명도 빠짐없이 손을 듭니다.

우선 알아 두실 것은, 스스로 알아서 깨끗하게 정리할 수 있는 아이는 거의 없다는 사실입니다. 대부분 아이들에게는 '정리를 해야겠다.'라는 동기가 없기 때문입니다. 정리해서 깨끗해지는 일에 두근거림을 느끼지 않습니다.

"엄마 아빠가 하라고 해서."

"혼나니까."

이것이 아이들이 정리를 하는 이유입니다.

어린데도 스스로 정리를 잘하는 아이를 보면, 어른들에게 혼나거나 잔소리를 듣는 게 무서워서 한다는 인상을 받는 경우가 많습니다. 언뜻 보면 똑소리 나는 것 같지만, 즐기기보다 무리하고 있다는 생각이 듭니다. 스스로 알아서 정리 잘하는 아이로 키우겠다고 욕심을 부리다가는 자칫 아이가 강압적으로 느끼고 정리 자체를 싫어하게 될 가능성이 높아집니다.

중요한 것은, 어른이 되어서 정리 때문에 고민하지 않아도 되도록, 정리 방법을 익히는 일입니다. 더욱이 즐겁게 연습하면서 말이죠. 이 점을 기억하고, 아이들과 함께 배우고 서로 가르쳐 주고 익혀 갑시다.

실제로 부모와 아이가 함께 정리 연습을 하려고 들면 생각만큼 쉽게 풀리지 않습니다. 아이가 실수하고 서툰 모습을 보이면 안절부절못하게 되고 화가 나지요. 의견은 전혀 맞지 않고 잔소리가 나올 겁니다. 하지만 그 원인을 찾다 보면 화나는 일

도 줄어듭니다. 그러면 이제부터 어떻게 해야 정리를 익힐 수
있을지, 어떻게 해야 부모와 아이가 즐겁게 정리할 수 있을지
살펴봅시다.

정리할 수 있는 환경을 만들자

저희 집에는 아이가 셋 있는데, 세 아이 모두 물건을 꺼낸 뒤 제자리에 넣지 않는 일이 자주 있습니다. 아이란 어지르는 게 일인 생물이라는 걸 절실히 느끼지요.

어질러진 방을 보며 "너희, 영업 방해야."라고 말해 봐도 전혀 신경 쓰지 않고 여전히 어질러 놓습니다. 그런데 저희 아이들은 정리 방법을 알고 있습니다. "정리해!"라고 한마디 하면 말끔하게 원래 상태로 돌려놓을 수 있습니다.

때로는 "정리해!"라고 말해도 지쳐서 꾸물거리며 움직이지 못하는 경우가 있습니다. 그럴 때는 제가 쓱쓱 정리해 버리지요. 방이 정리되지 않은 것, 아이들이 움직이지 못하는 것에 '화내지 말자.'라고 생각하며 움직입니다. 5분이면 원래대로 깔끔하게 정리할 수 있다는 걸 저 스스로 아니까요. 지쳐서 움직이지 못하는 아이와 정리되지 않은 방을 보며 화내기보다는, 제가 5분 투자하는 길을 고릅니다.

아이가 정리를 하지 않거나 못하는 데는 이유가 있습니다. 그러니 정리를 '하지 않는 것'이 화나게 만드는 원인이라면, 잠시만 시간을 두고 생각해 봅시다.

혹시 독선적인 정리를 하지 않나요?

어디에 어떻게 정리하면 좋을지, 아이에게 구체적으로 가르치고 있나요? 또한 아이가 정리하는 데 필요한 시간과 자신이 정리하는 데 드는 시간이 다르다는 걸 제대로 파악하고 있는지요? 그리고 그전에, 아이라도 쉽게 정리할 수 있는 집 안 환경을 만들었나요?

환경 만들기는 어머니, 아버지, 그리고 주변 어른들만 할 수 있는 일입니다.

어린이집이나 유치원 교실을 떠올려 보세요. 장난감은 있어야 할 장소에 깔끔하게 수납되어 있고, 도구 상자에는 가위, 풀, 크레용이 종류별로 정돈되어 있지요. 항상 교사들이 정리하는 건 아닙니다. 아이들이 직접 정리하지요. 세 살짜리 아이들이 정리하는 곳도 있습니다.

어째서 유치원과 어린이집에서는 아이들이 정리를 할 수 있을까요? 어째서 집에서는 정리를 못하는 아이도 장소가 바뀌면 달라질까요?

정리를 할 수 있는 환경을 만들어 놓았기 때문입니다. 자세히 말하자면, 환경에 일정한 질서가 있기 때문입니다. 가위는 이 서랍, 풀은 그 아래 서랍이라는 식으로, 넣을 곳이 분명하게 정해져 있기 때문입니다. 오늘은 이쪽 내일은 저쪽 하는 식으로 공간이 무질서하면 정리를 할 수 없습니다.

아이들에게는 안심하고 생활하며 성장할 수 있는, 질서 있는 환경이 필요합니다.

만약 이런 환경을 만들지 않고서 아이에게 정리하라고 강요만 한다면 어떻게 될까요? 아이가 못 견디지 않을까요? 더구나 배운 적도 없고 변명도 할 수 없는 일로 안 한다고 못한다고 혼이 난다면, 시간이 아무리 지나도 정리를 긍정적으로 받아들일 수 없을 테지요. 평생 정리를 싫어하게 될지도 모릅니다.

우선은 어른이 정리 방법을 익히고, 그다음에 아이에게 그 방법을 똑바로 전해 주어야 합니다. 몇 번이든 연습하세요. 실수도 밑거름이 됩니다. 그리고 서로가 기분 좋게 정리할 수 있는 환경을 만들어 갑시다.

장난감 공간을 정하자

부모님들의 정리 상담 5위 안에 드는 것이 장난감 정리입니다. 고민이라고 해도 좋겠지요. 모두가 이구동성으로 "정리 방법을 모르겠어요!"라고 말합니다.

우선은 아버지 어머니의 생각대로 장난감 정리 환경을 만들어 봅시다. 예를 들어, 선반 하나 혹은 벽장 하단을 장난감 공간으로 정하는 거지요. 앞서 말했듯이 질서를 만들기 위해서입니다. 질서가 없는 곳에서는 아이의 성장도 없습니다. 가정마다 사는 집의 크기, 형제 수, 방 크기, 가진 장난감 양, 교육 방침에 따라서 공간이 달라지니 차분히 생각해 보세요.

"그걸 정하지 못하겠어요."라고 한다면, 일단 지금 가진 장난감이 다 들어가는 공간을 준비해 주세요. 집 안 여기저기 흩어져 있던 장난감을 전부 꺼내어 나누어 보면, 공간이 어느 정도 필요한지 알 수 있습니다. 장난감 공간을 정하지 않는 한, 장난감은 질서 없이 계속 늘어나기만 할 겁니다.

그리고 해마다 한 번 정도는 그 공간을 되돌아보세요. 단순히 장난감 숫자뿐 아니라, 공간 크기도 말입니다. 아이도 성장하고, 그에 따라 장난감 종류와 양, 크기 따위도 변하기 때문입니다. 언젠가는 장난감은 물론이고 보관 공간도 필요 없어질 날이 올 테고요.

공간을 정할 때 명심해 둘 것이 하나 있습니다. 아이의 관리 능력을 웃돌 만큼 물건을 쥐어 주면 아무리 질서 있는 환경을 준비해도 어질러집니다. 어른도 마찬가지이고요. 적당한 양을 판단하는 힘도 키울 필요가 있습니다.

저희 집도 장난감 공간을 정해 두었습니다. 그리고 생일이나 크리스마스를 앞두면 아이들에게 말합니다.

"곧 생일이구나. 선물로 뭘 갖고 싶어? 그걸 넣어 둘 공간이 있는지 확인해 보고, 공간이 없으면 대신 뭘 치울지도 생각해 두렴."

그러면 아이들은 의기양양하게 장난감 공간에 가서 처분해도 좋을 장난감을 골라 옵니다. 아이들은 호기심이 많아 항상 새로운 물건에 흥미를 가지니까요. 재미있는 사실은, 갖고 싶은 물건의 크기와 양 이상의 장난감을 골라 온다는 겁니다. 새로운 장난감은 그 정도로 아이들 가슴을 뛰게 합니다.

물론 아이들이 꺼내 온 장난감이 아깝다는 생각이 들지도 모릅니다. 실제로 저희 집에서는 그런 일이 있었답니다. 큰아들은 12월 5일이 생일이어서, 그날 새로운 장난감을 손에 넣었습니다. 그러고는 곧 크리스마스가 다가왔지요. 늘 그렇듯이 처분해도 괜찮은 장난감을 고르라고 하니, 놀랍게도 생일에 사 준 장난감을 들고 왔습니다. 저랑 남편은 당연히 '어라? 며칠

전에 사 준 걸 왜? 좀 더 소중히 하란 말이야!'라는 말이 목구멍까지 치밀어 올랐지요. 돈을 내는 건 당연히 우리이고, 아이들이 물건을 소중하게 써 주길 바라니까요.

그래도 그 자리에선 꾹 참습니다. 아이가 스스로 선택한 것이니까요. 생일 선물도 스스로 고른 것이지만, 막상 손에 넣고 보니 재미가 없었던 모양입니다. 그러니 처분하기로 한 것이지요. 우선은 아이 선택을, 결정을 존중하려고 노력합니다.

이것은 아이가 성장할 기회입니다. 꾸짖지도 않고, 그렇다고 해서 방치하지도 않습니다.

"그래, 네가 고른 장난감인데, 잘못 골랐나 보구나." 하며 일단 실수를 받아들이고, "더 소중하게 간직하려면 어떻게 하는 게 좋을까?" 하고 생각하게 한 뒤, "이번에는 더 잘 골라 보자." 하고 말합니다.

안전한 집 안에서 스스로 선택하고 실수하는 경험을 통해 성장하게 하는 것입니다. 물론 장난감은 곧장 버리지 않고 어디로 보낼지 생각하는데, 이때도 되도록 아이와 함께 생각하기를 권합니다.

깨끗함을 실감하게 하자

공간을 정했으면 봉제 인형, 퍼즐, 게임 CD 등으로 장난감을 분류합니다. 그다음에 아이가 꺼내고 넣기 쉬운 방법을 찾아 수납해 보세요. 처음에는 부모님이 함께 정리해 주세요.

아직 학교에 다니지 않는 아이라면 "블록 모으기 게임!" "자동차를 여기 주차해 보자." "누가 누가 빨리 할까?" 같은 말을 하면서 분류하거나 모아 가면, 아이도 놀이로 받아들여 즐겁게 할 수 있습니다. 그렇게 아이들과 함께 정리한 다음, 마지막에 아이한테 꼭 해 줄 말이 있습니다.

"아까처럼 어질러진 방이랑 지금처럼 깨끗한 방이랑 어느 쪽이 좋아?"

그러면 아이들은 입을 모아 "깨끗한 게 좋아요!"라고 합니다. 이런 식으로 깨끗한 게 기분 좋다는 사실을 깨닫게 합니다.

깨끗하다는 게 어떤 상태인지, 깨끗하면 기분이 어떤지, 깨끗함을 실감하면 많은 변화를 경험하게 됩니다. 또한 계속해서 얘기했듯이, 깨끗함이 앞으로 아이들 인생에서 큰 힘이 되어 주는 일이 많이 생길 것입니다.

아이가 실패해야 부모도 성장한다

아이가 혹시라도 실패할까 봐 어른이 깔아 준 길 위로만 걷게 하는 사례가 늘고 있습니다. 아이를 생각한 나머지 그리하는 것이겠지요. 그런데 언제까지나 어른이 지켜 줄 수는 없는 노릇입니다. 또한 부모가 만든 매뉴얼대로 세상을 살아간다고 해서 평생 안전하다는 보장도 없습니다.

새삼스럽지만, 스스로 생각해서 행동하고 체험해야 비로소 성공과 실패를 배울 수 있습니다. 그러한 경험이 없는 아이가 맞닥뜨린 세상은 한없이 잔혹한 곳일 겁니다. 정말로 아이를 생각한다면, 부모가 지켜 줄 수 있는 곳에서 부모가 지켜 줄 수 있는 동안에 실패를 충분히 경험하게 해야 합니다. 돌이킬 수 있는 실패, 즉 정리는 경험치를 높여 줍니다.

또한 이 시간은 부모도 성장시킵니다. 아이에 대한 집착을 정면으로 마주할 기회이기 때문입니다. 앞서 말한 저희 집 사례를 떠올려 보세요. 아이가 산 지 얼마 안 된 장난감을 처분하기로 결정했을 때, '기껏 사 줬더니.' '갖고 싶어 해서 사 준 선물인데.'라는 생각이 드는 건 당연합니다. 만약 아이가 처분하기로 결정한 장난감을 부모가 처분할 수 없다면, 그건 부모의 집착이고 부모의 망설임 아닐까요? 그렇다면 부모님을 위한 망설임 구역에 몰래 수납해 두세요.

　어느 의뢰인 이야기를 소개하지요.

　아이가 둘 있는 가정입니다. 제가 방문했을 때 아들은 중학교 3학년, 딸은 중학교 1학년이었습니다. 네 가족이 방 네 개에 거실과 주방이 딸린 아파트에 살고 있었습니다. 남매는 같은 방에서 공부도 하고 놀기도 했습니다. 방 한쪽 벽면에 책상이 두 개 나란히 놓여 있고, 반대쪽 벽면에는 선반이 있었는데, 그 선반은 전부 장난감으로 꽉꽉 차 있었습니다. 침실은 부모님과 함께 썼습니다.

　그날 저는 남매와 함께 아이들 방을 정리했습니다. 선반에서 장난감을 모두 꺼내 분류해 보니, 필요한 것은 거의 없었습니다. 아기 때 쓰던 딸랑이, 모형 자동차, 봉제 인형까지, 지금껏 써 온 것을 버리지 않고 높은 벽면 선반 가득히 전부 쌓아 두었던 것입니다. 숨이 막히는 방이었습니다.

　오빠와 한 번, 동생과 또 한 번, 따로따로 작업하면서 이야기를 들어 보니, 오빠는 학급에서, 여동생은 동아리에서 집단 따돌림을 당하고 있었습니다. 저는 집단 따돌림을 해결해 줄 수는 없지만 이야기를 들어 줄 수는 있으며, 가정과 학교 밖에 다른 세계, 더 많은 선택지가 있고, 그 길은 스스로 선택해도 괜찮다는 얘기를 해 주었습니다.

남매가 어릴 때부터 어머니는 마음에 병이 있었습니다. 물론 방문 전에 미리 알고 있었습니다. 방에 가득한 장난감도 두 아이가 처분하지 못한다기보다는 어머니 안에 존재하는 집착 때문에 버리지 못한 것입니다. 남매의 말을 들어 보니, 이런저런 일을 마음에 두고 끙끙 앓는 어머니를 생각하면, 필요 없다고 해서 버릴 수는 없었다고 합니다.

정리 연습을 하면서 물건과 마주하는 동안, 아이들은 자연스레 학교 이야기, 어머니 이야기 등 줄곧 마음에 담아 두었던 이야기를 들려주었습니다. 이것저것 캐물은 것이 아니라 자연스럽게 말이 나왔지요. 물건과 마주하는 일을 계기로 온갖 감정이 넘쳐흘렀을 겁니다. 아마 누군가에게 말하고 싶었겠지요. 어머니한테 말하면 병이 악화될지도 모르고, 아버지한테 말하면 걱정거리만 늘리는 것 같고…… 그렇게 생각했는지도 모릅니다. 그런데 더 이상 참을 수 없는 지경이 되어, 이제는 누군가가 알아주기를 바랐을 겁니다.

친구도 아닌 남을 자기 방에 들이고 자기 물건을 만지게 하고 정리를 하는 일이, 사실 이 또래 아이들에게는 따르기 힘든 일입니다. 문턱이 꽤 높지요. 그런데도 정리를 통해서 속내를 털어놓는다는 건, 정리 연습 속에 무언가 울림이 있기 때문에 그런 게 아닐까요?

남매는 정리를 하면서 과거의 자신과 마주해 나갔습니다. 잇자국이 잔뜩 난 연필, 발길질에 뚫린 벽의 구멍도 장난감을 치우니 드러났습니다. 아무래도 버릴 수 없는 아기 때 담요, 군데 군데 연필로 새카맣게 칠해 놓은 교과서, 찢겨 나간 페이지가 많은 공책……. 자녀가 학교에서 어떻게 지내고 있는지 확인하기 위해 친구와 주고받은 메일이나 쪽지를 몰래 들여다볼 수는 없지만, 물건을 통해서도 많은 것을 알 수 있습니다. 부디, 자녀를 지켜보는 것과 같은 시선으로 물건을 봐 주세요.

남매와 정리를 끝낸 뒤 나온 대량의 장난감은 어머니의 '망설임 공간'이 될 다른 방으로 옮겼습니다. 아이들 방은 시원하고 깔끔해졌습니다. 처음에 느꼈던 답답함은 더 이상 없었습니다. 깨끗해진 방 안에는 여유 공간이 생겼습니다. 도중에 지금까지 겪어 온 일을 떠올리며 눈물을 글썽거리던 남매도, 마지막에는 웃는 얼굴로 작업을 마쳤습니다.

나중에 어머니는 자기 안의 집착과 마주하고, 장난감을 전부 처분할 수 있었습니다. '망설임 공간'도 정리해서 아들딸에게 각자 방을 마련해 줄 수 있었습니다. 그 후 집단 따돌림 이야기는 나오지 않았고, 활기차게 웃는 남매의 모습에 조금이나마 안심하게 되었습니다.

정리를 한다고 해서 인생 전체가 잘 풀린다고 말할 수는 없습니다. 하지만 무언가에 막혀서 해결책이 떠오르지 않을 때는 정리해 보기를 권합니다. 우선은 몸을 움직여 보세요. 잘되지 않을지 모르지만, 아무것도 하지 않기보다는 앞으로 한발 내디며 보세요. 물건을 마주하며, 정리로부터 배우는 게 분명 있을 겁니다.

　또한 자녀에게 실패를 많이 경험하게 해 줍시다. 그 과정을 통해 부모들도 함께 배우고 성장합시다. 아이든 어른이든 실패와 연습을 반복하면서 풍요롭게 살아가는 기술을 익혀야 합니다. 정리야말로 이런 성장을 위한 좋은 기회입니다.

취향이 보이는 옷걸이 수납법

장난감만큼이나 상담 의뢰가 많은 게 옷입니다. 어른이건 아이건 간에, 제철 옷은 전부 옷걸이에 걸기를 제안합니다.

옷을 옷걸이에 걸어 두면 어린아이라도 스스로 옷을 고르고, 알아서 준비할 수 있게 됩니다. 우리 집 막내는 두 살 때부터 스스로 옷을 골라 입었습니다. 전부 한눈에 들어오기 때문에 어디에 무엇이 있는지 바로 알 수 있고, 입고 싶은 옷을 금방 고를 수 있습니다.

옷이 아무리 많아도 실제로 자주 입는 것은 세 벌 정도입니다. 어느 가정이나 비슷할 겁니다. 옷걸이 수납을 하면 입지 않는 옷이 가장자리로 밀려나 일목요연하게 정리됩니다. 옷이 크거나 작아서 맞지 않는다는 물리적 이유도 있지만, 가장자리로 밀려난 데에는 색깔이 마음에 들지 않거나 감촉이 거칠다거나 하는 다른 여러 이유가 있을 겁니다. 그러면 부모님 입장에서도 자녀가 좋아하는 것과 싫어하는 것을 파악하게 되어, 다음에는 좋아할 만한 옷, 즐겨 입을 옷을 살 수 있습니다. 실패할 확률이 줄어들지요.

저희 집은 둘째만 딸인데, 내심 공주처럼 입혀 금이야 옥이야 키우고 싶었습니다. 하늘하늘하고 사랑스러운 옷을 입히겠다며 꿈에 부풀어 있었지요. 그래서 처음에는 그런 옷을 사서 입혔지만, 언제부터인지 딸아이는 그런 옷을 입으려 하지 않았습니다. 옷을 살 때도 기준이 확실했습니다. 치마나 하늘거리는 옷은 절대로 입지 않으며, 좋아하는 색은 파란색인 소녀가 되었지요. 최근에는 중학교에 들어갈 생각에 우울하다기에 이유를 물어봤더니 "교복이 치마잖아!"라더군요. 저만의 환상은 와르르 무너졌습니다.

그래도 지금은 딸의 의사를 존중합니다. 어차피 제 취향에 맞춘 옷은 사 주어도 입지 않기 때문에 딸아이가 좋아할 만한 것을 사게 되었지요. 물론 가끔은 발버둥을 쳐 보기도 합니다. 선머슴 같은 옷 중에서도 소녀 느낌이 가미된 걸 고르는 거죠. 그래 봐야 입지 않는 경우가 많지만요.

딸이 활동적인 옷차림을 좋아하는 건 남자아이가 되고 싶어서라기보다 네 살 위 오빠한테 인정받고 싶어서인 듯합니다. 그래서 공부건 운동이건 열심히 하지요. 옷차림과 분위기도 닮고 싶은 마음에 오빠랑 비슷한 걸 고르는 모양입니다. 그 사실을 깨달은 건, 남편이 아이들에게 축구 레플리카 유니폼을 선물했을 때였습니다. 어떤 옷을 사 줘도 별로 기뻐하지 않던 딸이 그때만큼은 함박웃음을 지었습니다. 그날에야 겨우, 앞으로 딸 옷을 고를 때 제 집착과 환상은 버리기로 결심했습니다.

딸하고는 여전히 함께 옷을 사러 가는 일이 많고, 제가 골라서 살 때도 있습니다. 그러나 정리를 통해 취향을 확실히 알게 되면, 언젠가 딸아이 혼자서 옷을 사러 가더라도 실패하거나 불필요한 걸 사는 일이 확연히 적어질 것입니다.

한편, 옷은 쇼핑 중독의 시발점이 되기 쉬운 물건이기도 합니다. 잔뜩 갖고 있다고 해서 행복하거나 세련된 것도 아니고, 비싼 물건이라고 소중히 여기는 것도 결코 아닙니다. 그런 사례를 정말 많이 보았습니다. 그만큼 어릴 때부터 자기 취향, 적량을 확실히 알아 두면 망설임 없이 선택하며 자신감을 얻을 수 있습니다. 이를 위해서도 부모가 할 수 있는 일은, 실패하더라도 상관하지 않고 그 경험에서 배우고 다시 시도할 수 있는 환경을 갖추어 주는 것뿐입니다.

옷걸이 수납을 할 때 또 하나 좋은 점은, 빨래를 개지 않아도 된다는 것입니다. 의뢰인들 누구나 입을 모아 하는 말이지요. 빨래를 널 때 옷걸이에 걸었던 대로 마른 뒤 옷장에 넣기만 하면 되므로, 속옷과 수건만 개면 됩니다. 의뢰를 받고 찾아간 가정에서 듣자니, 많은 사람이 저녁에 빨래를 걷어서 소파나 마룻바닥에 두었다가 저녁 준비와 설거지, 목욕 등을 다 마치고 나면 그제야 갠다고 하더군요. 특히 직장에 다니면, 저녁에는 해야 할 일이 줄줄이 이어져서 허둥거리게 됩니다. 녹초가 된 상태에서 집안일을 하려면 상당히 괴롭지요. 또한 깔끔하게 개서 서랍에 넣어도, 서랍에서 꺼낼 때 다른 옷까지 흐트러지는 일이 흔합니다. 두 배로 피곤해질 뿐 아니라 '갤 필요가 있나?' 하는 생각이 들기도 할 겁니다. 그런 생각을 품고 하는 집안일이 즐거울 리 없습니다. 저도 어느 시기부터 옷걸이 수납으로 바꾸어 개는 부담을 덜었습니다. 지금은 다섯 명분으로 늘어난 옷을, 퇴근 후에 개야 한다고 생각하면 오싹합니다. 방식을 바꾸어서 정신적으로 편해졌을 뿐 아니라 가사도 즐거워졌습니다. 시간 여유도 생겼습니다. 신경질도 줄었습니다. '여태 잘도 개고 있었구나!' 싶습니다.

물론 옷걸이 수납 방식이 편하다고 해서 억지로 바꿀 필요는 없습니다. 다른 사람에게 좋은 것이라도 그것이 자신을 걱정시키고 괴롭힐 만하다면 선택하지 않아도 괜찮습니다. 답은 역시, 여러분 안에 있습니다.

'이거면 돼.' 말고 '이게 좋아.'

한번은 대학에 진학하는 딸이 기숙사에 가져갈 짐 정리를 도와 달라는 의뢰를 받았습니다. 체육 특기생인 이 학생은 봄이 오면 집을 떠나 다른 현에 있는 대학에 다닐 예정이었지요. 짐을 정리하는데, 컵 하나를 골라도 "이거면 돼."라고 하면서 고르더군요.

그래서 물어봤습니다.

"이거면 된다며 물건을 고르는 거랑 이게 좋아 하면서 고르는 거랑, 뭐가 다른지 알아요?"

"글쎄요…… 모르겠어요."

저는 천천히 이야기했습니다.

"앞으로 4년 동안, 자기가 정말 좋아해서 '이게 좋아!' 하고 고른 컵은 소중하게 쓸 수 있어요. 하지만 '이거면 돼.' 하면서 고른 컵도 그럴까요? 분명히 아무렇게나 다룰 거예요. 값이 비싸고 싸고의 문제가 아니라, 정말로 자기가 좋아하는 걸 골라 봐요. 작은 일이지만, 그렇게 물건 하나하나부터 생활 전반에 마음을 쏟으면, 앞으로 분명히 큰 차이가 생길 거예요.

예를 들어, 동아리 비품을 소중하게 해야 한다는 얘기는 귀가 따갑게 들렸죠? 강해지고 싶고 잘하고 싶으니까, 소중하게 다루고 정성 들여 닦기도 하고요. 그런데 단순히 도구를 깨끗이 닦고 소중히 다룬다고 해서 운동을 잘하게 되거나 강해지지는 않지요. 날마다 귀찮음을 무릅쓰고 마음을 쏟다 보면 자연히 마음도 단련되는 거잖아요. 다른 일도 마찬가지라고 생각해요.

학생이 좋아하는 게 학생을 도와줄 때가 앞으로 많이 있을 거예요. 싫은 일, 억울한 일이 있을 때 위로가 되어 줄 만한 것, 이게 있으니까 좀 더 힘내 보자 하고 생각할 수 있는 물건을 가져가는 게 좋아요. 그러니까 '이거면 돼.'가 아니라 '이게 좋아!' 하는 걸로 자신을 갖고 골라 보세요.

앞으로 만나게 될 친구들도 '얘면 돼.'일지 '얘가 좋아! 정말 좋아!'일지, 같은 시간을 보내더라도 아주 달라질 거예요. 나를 응원해 주는 사람과 함께 있으면, 분명 인생이 풍요로워지거든요. 내 성공을 믿어 주는 사람이랑 있으면 더 강해지지요. 물론 모두와 사이좋게 지내는 게 좋지만, 본인이 괴로워질 만한 인간관계는 간파해야 해요. 많은 사람들이 인간관계 때문에 고민하는데, 사실 그건 상대가 나쁜 사람이라서 그렇다기보다 자기 직감이나 감성을 믿지 못하기 때문이거든요.

물건을 소중히 고르다 보면, 앞으로 관계를 맺는 데도 좋은 연습이 될 거예요."

그렇게 얘기하자 여학생은 "일리 있는 말씀이에요! 알았어요! 그렇게 할게요!"라며, 의기양양하게 물건을 다시 골라 이사 준비를 했습니다. 어린아이나 청소년은 이런 얘기를 해 주면 금세 눈을 반짝이며 얼른 자기에게 맞는 감각을 익히고 새로운 가치관을 흡수합니다. 어른들은 오래 살아온 만큼, 거듭 실패를 겪어 온 만큼, 오히려 솔직하게 받아들이지 못하는 경우가 많습니다.

부모 곁을 떠나서 새로운 생활을 시작할 자녀에게, 부모로서 어떤 걸 가르치고 말해 줄 것인지는 아주 중요한 일입니다. 이 가르침이, 생활에 불편을 겪지 않도록 많은 물건을 안겨 주는 것보다 앞으로 혼자서 헤쳐 나갈 아이를 지탱해 줄 것입니다.

무엇보다 큰 애정을 안겨서 보내 줍시다.

저자의 말 1

해야지, 해야지 하면서도 좀처럼 할 수 없는 일. 그중 하나가 정리입니다.

'지금 이대로도 아무 문제없으니까, 괜찮아.'라고 생각하기 때문인데, 이것을 행동경제학에서 '현상 유지 편향'이라고 합니다. 예를 들어, 날마다 같은 가게에서 점심을 먹는 사람 심리가 그렇습니다. 사람은 내심 변화를 두려워합니다.

하지만 그 방에서 계속 생활하는 이상, 현상 유지는 불가능합니다. 정리를 하지 않으면, 방은 점점 어질러지고 더러워질 테니까요.

"알긴 알지만, 그래도 할 맘이 들지 않아요."

이에 대한 제 대답은 "하지 않기 때문이에요."입니다.

너무 어질러져서 어디부터 손을 대야 할지 알 수 없는 방을 보면, 도무지 정리할 마음이 들지 않습니다. '지금 이대로도 문제없으니까, 괜찮아.'라고 생각해 버리지요.

그래도 해 봐야 합니다.

'할 마음'의 원천은 뇌의 측좌핵에 있습니다. 측좌핵 신경세포는 어느 정도 자극을 받으면 활동합니다. 일단 움직이기 시작하는 것이 자극이 됩니다. 그러면 측좌핵이 흥분하면서 신경 전달 물질인 아세틸콜린이 분비되어 '할 마음'이 생기는 겁니다. 작업을 시작하고 보니 기분이 점점 들뜨면서 할 마음이 생기는 경우가 실제로 있지요. 독일의 심리학자 에밀 크레펠린은 이것을 '작업 흥분'이라고 불렀습니다. 또한 아세틸콜린은 뇌의 인지 기능과 '번뜩임' 기능을 활성화합니다.

"그래도, 그래도 할 맘이 나지 않는데요……."

그럴 때는 도파민의 힘을 빌립니다. 도파민도 뇌에서 분비되는 신경 전달 물질의 하나로, 도파민이 분비되면 '행복감'을 느낄 수 있습니다. 도파민은 어떻게 해야 분비될까요? 바로 '목표 설정과 달성'입니다.

우선 명확한 목표를 설정합니다. '집 전체를 정리하자.'같이 장대한 목표가 아니라 '이 책상의 이 서랍을 정리하자.'같이 단기적으로 실현 가능한 목표를 정해야 합니다. 목표를 달성하는 순간을 머릿속으로 그려 봅니다. 이 단계에서 도파민이 나옵니다. 그리고 정리를 시작하면 측좌핵이 자극을 받아서 작업 흥분 상태가 됩니다. 목표를 달성하면, 즉 서랍 정리를 끝내면 '난 정말 대단해!'라며 자신을 칭찬합니다. 그러면 도파민이 더욱더 분비됩니다. 이 과정을 반복하면서 스스로 '목표 설정'이라는 동기 부여, '작업 흥분'이라는 격려, '목표 달성'이라는 심리적 보상의 행복한 순환으로 빠지게 됩니다.

그러니 할 마음이 나지 않더라도 우선은 해 보는 겁니다. 바로 해 보세요. 바로 하느냐, 하지 않느냐에 따라 여러분 인생의 가능성이 넓어지기도 하고 좁아지기도 합니다.

예를 들어, 여러분이 대학생이 되어 일주일 안에 과제를 내야 한다고 생각해 봅시다. 세 시간이면 완성할 수 있는 과제입니다. 언제 과제를 시작할까요? 언제 완성할 수 있을까요? 실제로 많은 대학생이 마감 전날에 과제를 시작합니다. 그래도 시간은 충분합니다. 문제는 없지요.

그런데 그날, 좋아하는 사람한테서 데이트하자는 연락이 오면 어떻게 할까요? 어떤 사람은 과제를 고르겠지요. 어떤 사람은 데이트를 고를 테고요. 어느 쪽이든 골라야만 합니다. 즉, 어느 한쪽은 포기해야 한다는 뜻입니다. 하지만 과제를 받은 날 곧바로 완성해 두었다면, 과제와 데이트를 모두 손에 넣을 수 있습니다.

지금 바로 한다는 것은, 미래에 해야 할 일을 만들지 않는다는 뜻입니다. 달리 말하면 미래에 할 수 있는 게 많아진다는 뜻입니다. 그러니 바로 합시다. 지금 해야 할 일을 바로 하면, 미래의 여러분은 무엇이든 할 수 있습니다.

인생은 선택을 쌓아 가는 것입니다. 정리 연습을 통해 선택하는 힘을 분명히 익힐 수 있습니다. 그 힘이 여러분 인생을 행복하게 해 줄 겁니다. 그래서 저도, 스기타 씨가 설파하는 정리 연습을 응원합니다. 공간이 한정된 경우에는 선택이 반드시 필요합니다. 공간에는 한계가 있고 융통성이 없습니다. 무언가를 골라야 할 필요가 있는 거지요. 그런데 시간은 융통성이 있습니다. 앞서 썼듯이, 바로 시작하면 과제와 데이트를 양손에 넣을 수 있습니다. 공간에서 선택하는 힘을 기르고 그것을 시간에서 살려, 손에 넣을 수 있는 걸 확실하게 움켜쥐는 힘을 기릅시다. 그러기 위해서 정리 연습을 하는 겁니다.

저는 규슈대학에서 '결혼학' 강의를 개설했습니다. 결혼학이란, 연애와 결혼, 출산, 육아를 주제로 짝 활동, 그룹 활동, 역할 연기 등 체험 학습을 하는 교육 프로그램입니다. 모두 열다섯 번에 걸쳐서, 앞으로 살아갈 인생을 실제로 닥친 일처럼 깊이 고민해 보는 거지요. 이를 통해 관계를 잘 형성하고 자기가 그리는 인생을 스스로 실현할 힘을 기릅니다. 결혼은 많은 사람이 경험하는 것이지만, 아무도 그에 대해서 가르쳐 주지 않고 배울 곳도 마땅치 않습니다. 모두가 초보자이고 처음 하는 경험이지요. 그래서 문제가 생기고, 고민하고, 괴로워하고, 실패합니다. 따라서 행복한 결혼, 행복한 가정을 꾸리는 힘을 미리 배우고 익혀 두어야 합니다.

정리도 그렇습니다. 모든 사람이 직면하는 문제로, 모든 사람에게 필요하지만, 아무도 가르쳐 주지 않고 배울 곳도 없습니다. 그래서 정리 연습이 필요한 겁니다.

고작 방 정리이지만, 그래도 방 정리입니다. 그 방에서 하루, 한 달, 1년의 대부분을 보냅니다. 그 방에서 인생의 대부분을 보내는 겁니다. 어떤 방에서 지내는가는, 다시 말해 어떤 인생을 보내는가 하는 것과 같습니다. 더욱이 결혼을 하고 아이를 낳으면 그 방에서, 그 집에서, 가족이 생활하게 됩니다. 여러분만이 아니라 배우자와 자녀가 함께 사는 겁니다. 여러분만의 인생이 아니라, 배우자와 자녀와 함께하는 인생이기도 합니다. 그러니 어떤 방을 만드는가는 어떤 가정을 만드는가, 가족에게 어떤 인생을 선물하는가 하는 것일 수도 있습니다.

그러면 여러분 자신에게, 가족에게, 친구에게, 어떤 시간과 공간을 선물하겠습니까?

그러기 위해 지금부터 무엇을 시작하겠습니까?

2014년 2월

사토 고시

제가 스물아홉 살 때, '정리와 인생에는 깊은 관계가 있지 않을까?' 하는 생각을 곰곰이 하게 된 사건이 있었습니다. 장남을 낳고 두 달 뒤 직장에 복귀해서 일주일이 지났는데, 동갑인 남편이 뇌경색으로 쓰러져서 수술을 받았습니다. 뇌 기능에 이상이 생겨 여러 가지 후유증이 생기는 병이지요. 남편은 말을 할 수 없게 되었습니다. "원래 직장으로 돌아가기는 어려울 테고, 재활 치료를 해도 생활에 불편이 없을 정도로만 회복할 수 있습니다."라고 의사가 무서운 선고를 했습니다. 갑작스러운 사태에 마음의 정리도 하지 못한 채, 어린 아들을 키워야 하고 일을 해야 하고 병원에도 다녀야 하고…… 해야 할 일이 산더미 같은 나날을 보내게 되었습니다.

앞날이 보이지 않고 불안만 계속되던 어느 날이었습니다. 병원에서 펼친 잡지에서 우연히 '당신 방은 지금의 당신 자체입니다.'라는 말을 발견했습니다. 그것을 본 순간 우리 집이 떠올랐고, 눈물이 넘쳐흘렀습니다. 당시 제가 '이렇게 힘든 상황이니까 어질러진다 한들 어쩔 수 없어.'라며 못 본 척한 결과, 집은 말도 못하게 어질러져 있었습니다. 그야말로 제 마음 상태와 똑같았지요. 저는 가만히 있을 수 없어서 곧장 집에 돌아가, 지푸라기라도 잡는 심정으로 밤새 정리와 청소를 했습니다.

그러자 놀라운 일이 벌어졌습니다. 정리와 청소를 했을 뿐 달라진 건 없는데도 이상하게 마음이 개운해졌습니다. 그때까지 저는 '왜 나만 이렇게 힘들어야 해?'라며, 세상의 불행을 전부 혼자 짊어진 것만 같았습니다. 도저히 긍정적으로 생각할 수 있는 상황이 아니었지요. 그런데 그날, 내일부터 다시 힘을 내자고 생각할 수 있었습니다. 그때부터는 놀라울 정도로 여러 가지가 호전되어 갔습니다. 남편도 힘든 재활 치료를 극복했습니다. 수술 후 반년이 지나자 의사의 예상과 달리 직장에 복귀했습니다. 물론 모든 걸 정리와 결부시키는 건 억지일지도 모릅니다. 인과관계도 증명할 수 없습니다. 그래도 그때부터 제 자신이, 제 인생의 흐름이 확실히 변해 가는 걸 실감했습니다.

이것은 제가 어른이 되어 결혼하고 난 뒤에 겪은 일이라 청소년 여러분에게는 먼 얘기로 들릴지도 모릅니다. 또한 자신이나 가족이 병에 걸리는 일은 인생이 바뀌는 계기가 되더라도 되도록 일어나지 않는 게 좋겠지요.

제가 여러분에게 전하고 싶은 건 단 한 가지입니다. 내가 할 수 있는 일은 전부 다 했고, 달리 손 쓸 도리가 없다는 생각이 들 만큼 아주 힘들 때가 있습니다. 혹은 남이 볼 때는 전혀 힘든 일이 아닐지라도 자신에게는 아주 힘든 경우가 있습니다. 그럴 때, 부디 자포자기하지 말고 정리를 시작해 보세요. 정리가 아니어도 좋습니다. 예쁘게 꾸며 보거나, 책을 읽거나, 영화를 보거나, 거울을 보며 웃어 보아도 좋습니다. 생활에 조금만 변화를 줘 보세요. 우울에 잠긴 마음(내면)부터 바꾸는 것은 어른에게도 힘든 일입니다. 그러니 외면을 조금만, 한 가지만 바꾸어 보는 겁니다. 제 의뢰인들을 보면, 정리에 통달해 갈수록 밝고 빛나는 모습으로 바뀌더군요. 여성은 특히나 눈에 띄게 예뻐집니다. 생생하고 활기차게 변합니다. 그러니 외관을 바꾸면 마음이, 그리고 인생이 바뀐다는 것을 기억해 두기 바랍니다. 언젠가 분명히 여러분에게 도움이 될 것입니다.

지금까지 이 책에서는 정리 연습을 통해 물건과 마주하고 주변을 정돈하는 것이 얼마나 중요한지 이야기했습니다. 어떤 물건을 만나고 선택해 가는지가 여러분 인생에 큰 영향을 끼친다는 사실을 알아 두기 바라는 마음에서죠.

마지막으로 또 하나, 여러분에게 얘기해 두고 싶은 것이 있습니다. 인생은 누구를 만나는가에 따라서 크게 변화할 가능성이 있다는 점입니다.

남편이 병으로 쓰러졌을 때는 저도 제가 회사의 사장이 되고, 책을 쓰고, 정리법 강사로서 강연회를 열게 될 줄은 생각도 못 했습니다. 학창 시절 꿈꾸었던 일도 아닙니다. 그런 제가 회사를 경영하게 된 계기는, 집을 개조하는 문제로 픽스워커 사의 곤도 사장과 만난 것이었습니다. 작업이 한창이던 어느 날, 집에 있는 수많은 장서를 본 곤도 사장이 "스기타 씨, 책 좋아하시죠?"라며 책 두 권을 선물했습니다. 한 권은 일하는 의미를 가르쳐 주는 책, 또 한 권은 '소용없다'라고 말하지 말라고 얘기하는 책이었습니다. 사람과 만나고 책과 만나, 평범한 전업주부였던 제 인생이 180도 바뀌었습니다.

그리고 이번에, 이 책을 쓸 계기를 마련해 준 사람은 규슈대학 사토 고시 선생입니다. 사토 선생의 많은 저서를 읽으며 언젠가 만났으면 좋겠다고 생각했는데, 나고야에서 열린 선생의 강연회를 도울 기회가 있었습니다. 온화한 성품으로 누구에게나 싹싹하게 말을 걸고, 수납 이야기에도 흥미를 보였습니다. 그 후 시간이 흘러, 정리 연습을 더 많은 사람에게 알릴 방법은 없을까 하고 상담했을 때, "책을 냅시다!" 하고 제안해 주셨습니다. 제안뿐만 아니라 책의 구성, 쓰는 법, 출판까지, 아무것도 모르는 저를 하나부터 열까지 도와주셨습니다. "도와주겠다고 약속했으니, 반드시 결과를 만듭시다."라고 말씀하더니, 수납 강좌에도 몇 번인가 참가하셨고, 정리 연습이 어떤 것인지 하나하나 관심을 갖고 이해해 주셨지요. 그렇게 해서 이 책이 완성되었습니다.

누구를, 무엇을 만나는가에 따라 인생이 바뀝니다. 저는 지금 정말로 그러한 인생을 살고 있습니다. 그리고 여기서는 다 얘기하지 못한 사람들과의 만남이 지금을 만들었습니다. 여기까지 오는 동안 겪은 일들은, 혼자 힘으로는 감당할 수 없는 것이었습니다.

여러분도 이미 많은 사람과 물건을 만났을 겁니다. 학급 친구들과 선생님, 학원 친구, 동아리 선후배, 모두 여러분 인생에서 빼놓을 수 없는 사람들입니다. 그중에서 여러분은 누구를 방으로 초대할 생각인가요? 무척 궁금하네요! 이 책도 여러분에게 하나의 '만남'이 된다면, 무척 기쁠 겁니다.

마지막으로, 편집을 담당해 주신 이와나미쇼텐 주니어 신서 편집부의 야마시타 마치코 씨, 멋진 일러스트를 담당해 주신 오타 가키후미 씨에게 진심으로 감사드립니다.

또한 자기 책상으로 정리 연습을 실천해 주신 이와나미쇼텐 주니어 신서 편집부 분들에게 고맙습니다. 여러분이 계속해서 만들 멋진 책들을 상상하는 것만으로도 가슴이 부풉니다.

그리고 지금까지 만난 모든 분들에게 깊이깊이 고마움을 전합니다.

이 책에서 소개한 사례들은 제가 직접 관여한 작업 및 의뢰자에게서 힌트를 얻었지만, 개인이나 단체를 특정할 수 없도록 바꾸어 썼습니다. 또한 몇 가지 사례를 응축해서 재구성한 것도 있습니다. 그 점 양해 부탁드립니다.

2014년 3월
스기타 아키코

정리의

신